Carlo De Rosa

Escatologia in scena. Rilettura teologica del melodramma

Carlo De Rosa

Escatologia in scena. Rilettura teologica del melodramma

Una proposta di Teologia simbolica artistico-musicale

Edizioni Sant'Antonio

Cover image: www.ingimage.com

Publisher:
Edizioni Accademiche Italiane
is a trademark of
International Book Market Service Ltd., member of OmniScriptum Publishing Group
17 Meldrum Street, Beau Bassin 71504, Mauritius

Printed at: see last page
ISBN: 978-613-8-39206-4

INTRODUZIONE

La “parola artistica”, come quella razionale, rivendica un suo ruolo nell’esprimere l'accesso dell'uomo a Dio: anche l’arte può divenire “parola teologica”.

Pur avendo una formalità propria che la distingue dall’esperienza razionale e da quella etica, l’esperienza estetica è unita a queste da una relazione intrinseca. Nella propria formalità, quindi, ogni livello può e deve costantemente riferirsi agli altri: in questo modo, non solo il livello razionale può occuparsi della bellezza, ma anche quello estetico della verità, permettendo all’agire teologico di includere in sé l’arte come momento proprio[1].

Quando un approccio esclusivamente razionale risulta particolarmente limitato nell’esprimere le verità di fede, l’arte, col proprio linguaggio simbolico, può essere un aiuto indispensabile

---

[1] Cf. R. DOTTORI, *L'attualità del bello. Studi di estetica ermeneutica*, Genova [3]1986, 42-43.

alla penetrazione del mistero: il dire artistico, in quanto fortemente relazionale, risulta particolarmente adatto ad esprimere la presenza del Verbo personale e del suo Spirito nella storia. Il simbolo, infatti, non soltanto rimanda al significato ma lo rende presente: esso "rappresenta" il significato allo sguardo di chi è in grado di percepirlo come tale e di entrarvi in relazione.

Attraverso l'espressione artistica l'uomo fa esperienza della verità e ne viene toccato, modificato: nell'esperienza artistica, egli instaura un rapporto non semplicemente con un "oggetto" presente, ma con un "evento giocoso" non concluso di cui entra a far parte[2].

Ponendosi nel cammino di ricerca di forme sempre più attuali per trasmettere, ad ogni uomo, il patrimonio della fede viva della Chiesa, il nostro lavoro vuole presentare l'impostazione di una paziente rilettura teologica dell'opera lirica, al fine di metterne in luce le felici potenzialità espressive del discorso su Dio e sul rapporto salvifico che egli intesse con l'uomo. In quanto forma artistica profondamente articolata, il melodramma amplifica, ancor più, quella capacità, propria dell'arte, di esprimere

---

[2] Cf. P. MICCOLI, *Gadamer e l'ermeneutica dell'immagine*, in *Idee* 17 (1991) 61-62.

l'ineffabile coinvolgendo l'uomo in un dialogo d'amore con l'Eterno che trasforma l'esistenza.

Sulla base dei documenti del magistero e delle proposte provenienti dalla riflessione teologica, il nostro percorso partirà col presentare la realtà di una "teologia in scena", di matrice simbolica, che prenda le mosse dall'incontro tra la fede della Chiesa ed il canale espressivo melodrammatico. In questo contesto, tratteremo della storia dell'antico rapporto tra il "fatto musicale" e la fede, mettendo in luce le potenzialità di una simbolicità musicale capace di apportare il proprio contributo comunicativo nel dire la fede in modo nuovo, semplice ed avvincente, che susciti, nel cuore dell'uomo, un più vigoroso slancio spirituale.

Nel secondo capitolo, procederemo ad un'analisi storica e strutturale della forma melodrammatica, al fine di approfondirne la conoscenza. Perché questo strumento possa essere utilizzato in maniera feconda e consapevole, infatti, occorre che esso sia fatto proprio dal teologo, cogliendone sia gli aspetti storico-evolutivi che quelli più propriamente tecnici.

La proposta di una griglia metodologica, guida sicura che conferisca unitarietà e coerenza al procedimento analitico, farà da preludio a quello che è il cuore della nostra trattazione: l'analisi di particolari scene d'opera, individuate nel variegato panorama melodrammatico internazionale, al fine di valutarne l'effettiva capacità di trasmissione dell'ortodossa dottrina della Chiesa. Attraverso la narrazione e lo studio della morte dannata del Don Giovanni, del pentimento finale di Suor Angelica e della gloria celeste turbata dal sacrilego Mefistofele, comprenderemo quanto grande sia la capacità dell'opera lirica di portare Dio nel cuore dell'uomo, coinvolgendo quest'ultimo in un dinamismo di desiderio attivo che è fede coscientemente vissuta.

Il nostro percorso si concluderà con uno sguardo lungimirante gettato sulla possibilità di "generare" una schiera di teologi che siano anche artisti del melodramma, capace di "portare in scena" la teologia, perché questa, dalle tavole calcate dagli interpreti, possa passare al cuore di ogni uomo che cerca, con tenacia, la Verità.

Il nuovo sentiero di una teologia melodrammatica possa condurre tutti a quell'oceano infinito di Bellezza, in cui lo stupore si fa ammirazione, ebbrezza, indicibile gioia, luogo dell'incontro di salvezza.

CAPITOLO I

TEOLOGIA E MUSICA: UN INCONTRO IN CHIAVE SIMBOLICA

1. *Depositum fidei* e forme espositive: l'indicazione conciliare

Nell'indicare il *punctum saliens* del Concilio Vaticano II, il Beato Pontefice Giovanni XXIII, nel suo discorso di apertura[1], metteva in luce quanto fosse urgente per la Chiesa, ancorata fedelmente al patrimonio della verità ricevuta dai padri, ricercare forme di annunzio, modalità espositive della fede cattolica, che fossero in grado di raggiungere i credenti nella loro singolare concretezza storica, perché la Sacra Dottrina, pura ed integra, senza attenuazioni o travisamenti, potesse essere trasmessa in modo vitale, affascinante, plasmante. Per la Chiesa veniva tracciato un percorso innovativo ed esaltante che, scevro da obsolete

[1] CONCILIO ECUMENICO VATICANO II, Discorso di apertura *Gaudet Mater Ecclesia* di S.S. Giovanni XXIII: EV 1, 42-61.

impostazioni apologetiche, mediante «opportuni aggiornamenti e con la saggia organizzazione di mutua collaborazione»[2], la conducesse all'amicale e sincero incontro col mondo moderno, perché tutti i popoli fossero spinti a volgere realmente l'animo alle cose celesti.

Il percorso di lavoro atto all'elaborazione di nuovi modelli espositivi della "veneranda dottrina" ha segnato tutto l'ispirato iter di un concilio che, proprio per questa nuova prospettiva profondamente innovativa ed ispirata, si configurava come un concilio pastorale, capace di esprimersi attraverso un magistero ecclesiastico la cui indole più intima conservava, appunto, una fisionomia pastorale[3].

La costituzione pastorale *Gaudium et Spes* rappresenta uno dei momenti più significativi di questo processo di incontro tra Chiesa e mondo, tra cultura umana (riconosciuta nella sua dignità ed autonomia) ed insegnamento cristiano. Nel capitolo riguardante la promozione del progresso della cultura, ancora una volta, il Concilio rivolge ai teologi il proprio invito a ricercare modi sempre più adatti a comunicare la dottrina cristiana agli uomini della loro epoca perché «altro è il deposito o le verità della fede,

---

[2] *Ivi* 48

[3] Cf. *Ivi* 56.

altro è il modo con cui vengono enunziate, rimanendo pur sempre lo stesso il significato e il senso profondo»[4]. In particolar modo, viene sottolineata l'importanza fondamentale delle arti per la vita della Chiesa e per la trasmissione della fede: attraverso l'esperienza artistica «la conoscenza di Dio viene meglio manifestata e la predicazione evangelica si rende più trasparente all'intelligenza umana e appare come connaturata alla condizione degli uomini»[5].

Appare chiaro, dunque, come il Concilio, nel suo percorso di ricerca sincera di modi efficaci di "dire la fede", avesse intuito l'importanza fondamentale dell'arte non solo come mezzo catechetico ma come vero e proprio "luogo teologico". Per trasmettere il messaggio affidatole da Cristo, la Chiesa ha bisogno dell'arte. Essa deve, infatti, rendere non solo percepibile ma anche, per quanto possibile, affascinante il mondo dello spirito, dell'invisibile, di Dio. Deve, dunque, trasferire in formule significative ciò che è in se stesso ineffabile. Ora, l'arte ha una capacità tutta sua di cogliere l'uno o l'altro aspetto del messaggio traducendolo in colori, forme, suoni che assecondano

---

[4] CONCILIO ECUMENICO VATICANO II, Costituzione pastorale *Gaudium et spes* sulla Chiesa nel mondo contemporaneo: EV 1, 1532.

[5] *Ivi* 1533.

l'intuizione di chi guarda o ascolta. E questo senza privare il messaggio stesso del suo valore trascendente e del suo alone di mistero[6].

L'espressione artistica apre la strada ad una vera e propria Teologia della Bellezza[7] che vuole fare esperienza di Dio «attraverso l'esperienza sensoriale che, pur segnata dall'oscurità del dato materiale, anela ad essere invasa dalla luce appagante di Dio. La riflessione teologica non si separa dall'esperienza vissuta di Dio: il saper Dio non si limita alla visione intellettuale, ma si completa nell'unificazione di ogni dimensione dell'essere umano. Il vedere Dio nasce da un dono che dall'alto della sua liberalità trasforma i sensi, li rende recettivi di quella sua connaturale bellezza»[8]. Gli abili artisti traducono nelle figure del bello il messaggio di salvezza di cui la Chiesa è custode e annunciatrice e rendono comprensibile il mondo dell'invisibile[9]: "per visibilia ad invisibilia", attraverso i sensi spirituali[10], l'uomo si muove

---

[6] Cf. GIOVANNI PAOLO II, *Lettera agli artisti*: EV 18, 415.

[7] Per un'introduzione alla Teologia della Bellezza Cf. J. NAVONE, *Verso una teologia della bellezza*, Milano 1998.

[8] F. ASTI, *Dalla spiritualità alla mistica. Percorsi storici e nessi interdisciplinari*, Città del Vaticano 2005,195.

[9] Cf. CONCILIO ECUMENICO VATICANO II, *Messaggio agli artisti*: EV 1, 495.

[10] Cf. ASTI, *Dalla spiritualità alla mistica*, 224-231.

all'incontro col Bello, col Vero, con il Buono, con quel Dio personale le cui effusioni di luce rendono belle le cose create[11].

Nel solco di queste felici ed illuminati intuizioni, che la teologia del post-Concilio ha ampiamente sviluppato con una copiosa letteratura, si pone questo nostro tentativo di rileggere in chiave teologica una delle massime espressioni dell'arte musicale: il melodramma, l'opera lirica. L'arte dei suoni è tra le più elevate e comunicative espressioni artistiche: capace di raggiungere ogni uomo, rappresenta una potenzialità notevole per la teologia che vuole portare Dio all'uomo perché ogni uomo sia ricondotto a Dio. La musica, rivelazione dell'indicibile ed espressione dell'infinito[12], «è sapienza universale del ritmo e dell'armonia invisibile e divina che agisce e si rivela nel cosmo e nell'anima, nella natura e nella cultura, nella parola e nel gesto, nel movimento e nell'idea»[13]: attraverso l'esperienza musicale l'uomo viene sensibilizzato a dimensioni non rumorose, viene invitato a riconoscere l'Armonia nel caos del quotidiano[14]. Chi è sensibile alla musica sente il miracolo nello sbocciare improvviso del tema dalle poche battute di un'introduzione e «percepisce che essa

---

[11] Cf. PSEUDO DIONIGI, *Nomi divini* IV, 7, Milano ^{2}1983.

[12] Cf. P. SEQUERI, *Eccetto Mozart. Una passione teologica*, Milano 2006, 155.

[13] P. SEQUERI, *L'estro di Dio. Saggi di estetica*, Milano 2000, 137.

[14] Cf. ASTI, *Dalla spiritualità alla mistica*, 247.

dipende da una Grazia che i teologi scrivono con la maiuscola»[15].

La cosiddetta "musica classica", che viene «ormai relegata – salvo poche eccezioni – in una sorte di ghetto a cui accedono solo degli specialisti e anche questi, talvolta, lo fanno forse con sentimenti e predisposizioni diversi»[16], ed in particolar modo l'opera lirica, unità inscindibile di suoni, parole, colori e movimenti, rappresentano, per la teologia, la possibilità di una "simbolica musicale" che, come nello stile della Chiesa delle origini, sappia esprimere la fede e narrare, con esemplare semplicità e coinvolgente immediatezza, la storia della salvezza[17], rendendo emblematicamente possibile la congiunzione tra mondo e divinità e ponendo nell'inconscio dell'uomo l'esperienza di una possibile congiunzione tra Dio e mondo.

---

[15] V. MATHIEU, *Prefazione*, in SEQUERI, *Eccetto Mozart*, 9.

[16] J. RATZINGER, *Introduzione allo spirito della liturgia*, Cinisello Balsamo (Mi) 2001, 144.

[17] Cf. N. CIAVOLINO, *Catechesi e linguaggio dei simboli*, Torre del Greco (Na) 1998, 7-10.

2. Esposizione della fede cristiana: dogmatica, sistematica e simbolica

Parlare di "simbolica musicale" in campo teologico può risultare non immediatamente comprensibile per una mentalità teologica ancora troppo legata al metodo dialettico e sistematico delle grandi *Summae Theologiae* e ad un pensiero speculativo basato sulla filosofia e veicolato da un opportuno bagaglio linguistico astratto[18].

Il termine più comunemente usato per indicare l'esposizione della fede cristiana, «condotta in maniera al tempo stesso criticamente elaborata e responsabile nei confronti del consenso dottrinale della Chiesa»[19], è quello di "dogmatica". Il "dogma" è una preposizione determinata che esprime un contenuto della fede, legittimata da parte dell'istanza magisteriale autorizzata a definirlo e proclamarlo o dall'effettiva recezione del popolo di Dio: per questo, la dogmatica si configura, già nel nome, come «scienza della fede in quanto vigila sulla adeguatezza oggettiva del discorso ecclesiale su Dio e sul mistero della sua autocomunicazione. Oggettivamente adeguato è questo discorso, allorché

---

[18] Cf. CH. A. BERNARD, *Teologia simbolica*, Roma 1984,17.

[19] B . FORTE, *La Parola della fede. Introduzione alla Simbolica ecclesiale*, Cinisello Balsamo (Mi) 1996, 50.

esso parla di Dio e della sua opera salvifica in maniera tale da corrispondere al modo in cui Dio parla di sé nella sua autorivelazione, nella sua parola essenziale – il Logos Gesù Cristo –, e mediante il suo Spirito Santo nella comunità dei credenti»[20]. In ambito cattolico, verso la fine del XVII secolo, il termine "dogmatica" sostituì quello di "sacra dottrina" mentre la parola "dogma" prese il posto della formula "articulus fidei": "dogmatica" fu intesa, in questo modo, come la scienza dei dogmi, l'esposizione della dottrina della fede autorevolmente proposta dalla Chiesa.

Basata su un'espressività concettuale molto ricca e su un attento percorso razionale, la teologia dogmatico-speculativa, a partire dai primi grandi concili della Chiesa del IV-V secolo, si è sforzata di tradurre la fede di matrice simbolico-narrativa della Chiesa delle origini in categorie filosofiche assenti nella Scrittura, nel tentativo di "rendere ragione" della fede professata: dallo schema storico-orizzontale del kerygma originario si passava ad un'impostazione metafisico-verticale[21]. Il processo di "intellettualizzazione della fede", avviato dall'inculturazione col pensie-

---

[20] J. WERBICK, *Prolegomeni*, in TH SCHNEIDER, *Nuovo corso di dogmatica*, Brescia 1995, 55.

[21] Cf. B . FORTE, *Gesù di Nazaret, storia di Dio, Dio della storia. Saggio di una cristologia come storia,* Cinisello Balsamo (Mi) 1985, 133-156.

ro greco-ellenistico, conosce un sorprendente sviluppo nell'epoca delle Somme Teologiche, «le quali intendevano costruire una scienza non già facendo delle allegorie su un testo con lo sfruttare le sue immagini, ma definendo delle strutture razionali»[22]: il dato rivelato viene confrontato con le scienze elaborate dagli studiosi; gli "articoli" di fede segnano le connessioni logiche dei diversi elementi evidenziando un rigore che sarà tanto maggiore quanto più necessarie risulteranno le articolazioni; si ragionerà, quanto più strettamente possibile, in termini di causalità, tanto che san Tommaso e molti altri applicheranno al dato teologico le categorie causali aristoteliche[23]. In sintesi, possiamo osservare come «la scienza teologica integra la scienza metafisica ma anche il metodo dialettico; più tardi dovrà tenere il più gran conto dei risultati ai quali giungeranno le scienze fisiche o umane: tutto dovrà essere integrato nella teologia»[24].

Con l'avvento dell'era illuminista, il termine "dogmatica" assunse un significato spregiativo, in quanto lo si interpretò in opposizione ai valori di autonomia e di libertà del sapere razionale e storico-critico: «"dogmatico" fu considerato tutto ciò che

---

[22] BERNARD, *Teologia simbolica*, 114.
[23] M. D. CHENU, *La Teologia nel XII secolo*, Milano 1999, 309-314.
[24] BERNARD, *Teologia simbolica*, 114.

è condizionato dall'assenza di un'adeguata consapevolezza delle condizioni trascendentali del pensiero"»[25]. Soprattutto in ambito protestante, dunque, a quella di dogmatica si affiancò l'espressione di "teologia sistematica" per indicare l'esposizione coerente ed unitaria della fede cristiana, fedelmente documentata ed argomentata in tutte le sue parti con la specifica attenzione alla spiegazione del nesso esistente tra i vari contenuti dottrinali[26]. Mentre l'espressione "dogmatica" sottolinea con più efficacia il riferimento al contenuto oggettivo dell'esposizione della fede cristiana – rischiando, proprio per questo, di trascurare il referente soggettivo –, il termine "sistematica" evidenzia maggiormente il contributo organizzatore e critico del soggetto «fondato su una criteriologia normativa che però, in quanto diversificata nelle grandi tradizioni cristiane, finisce col dare alla parola sensi abbastanza diversi, e non del tutto estranei al rischio di protagonismi arbitrarie, in ultima analisi, soggettivi»[27].

Il movimento dello spirito umano, però, per esprimere il suo intuire le cose e la propria vita intima, oltre al campo tecnico-concettuale conosce anche una modalità profondamente legata

---

[25] FORTE, *La Parola della fede*, 51.

[26] Per un approfondimento cf. W. PANNENBERG, *Teologia sistematica*, Brescia 1990.

[27] FORTE, *La Parola della fede*, 52.

alla peculiarità del mondo sensibile: è questo il campo di una teologia simbolica[28] che si trova a suo agio nell'espressione artistico-musicale. Simbolica è, dunque, quell'attività dello spirito che per esprimere la propria esperienza religiosa fa perno su un'esperienza sensibile di cui è il naturale prolungamento: il simbolo, nella sua realtà non poco complessa, rivela una propria dimensione teologica nel momento in cui si configura come "parola su Dio" e, ancor più, «come parola sul rapporto che noi intratteniamo con Dio»[29].

La "simbolica dell'unione trasformante"[30], il campo di indagine della Teologia Spirituale, della mistica[31], esula dal nostro studio: essa è il linguaggio dell'inesprimibile, dell'indicibile esperito nel sacrario di una coscienza santa.

La prospettiva che, invece, dischiude la ricercata possibilità di esprimere la fede attraverso l'espressione artistica e, in modo specifico, attraverso la musica, è quella del simbolo quale "paro-

---

[28] Il termine "simbolica" fu utilizzato per la prima volta da Möhler ma con l'intenzione di sottolineare il significato di "relativo ai Simboli di fede. Cf. A. J. Möhler, *Simbolica o esposizione delle antitesi dogmatiche tra cattolici e protestanti secondo i loro scritti confessionali pubblici*, Milano 1984.

[29] BERNARD, *Teologia simbolica*, 21.

[30] P. MARIA EUGENIO DI G. B., *Voglio vedere Dio*, Città del Vaticano 2005, 25.

[31] Per uno studio storico-critico, epistemologico ed interdisciplinare della materia cf. F. ASTI, *Spiritualità e mistica. Questioni metodologiche*, Città del Vaticano 2003; e ID., *Dalla spiritualità alla mistica*, Città del Vaticano 2005.

la su Dio", opera di una coscienza simbolica in antica antitesi con la coscienza riflessa di matrice concettuale.

Questo modo di "dire la fede", di parlare del divino, è il modo proprio della Sacra Scrittura[32] che, sin dall'Antico Testamento, ha utilizzato tutta una serie di simboli per l'esposizione delle verità cristiane. Lo stesso parlare parabolico di Gesù conduceva gli ascoltatori alla penetrazione del mistero attraverso un linguaggio spesso plastico, figurato. Nei testi di genere apocalittico, infine, il linguaggio simbolico ha raggiunto livelli espressivi altissimi e molto complessi.

Anche il pensiero dei Padri, teologi e santi, teologi perché santi, si esprime in un linguaggio caratterizzato dalla forte dimensione simbolica sotteso alla «inscindibile comunicazione fra l'unità della rivelazione e quella della vita spirituale»[33]: una comunicazione, dunque, che mette in luce la verità sempre attuale del Vangelo che si incarna nel vissuto della Chiesa.

La ricca produzione iconografica della Chiesa delle origini si presentava come una sorta di efficace catechesi visiva, una sorta di "teologia popolare", capace di comunicare con le immagini i contenuti più salienti della fede in una sorta di «linguaggio figu-

---

[32] Cf. M. PIERRE, *Breve trattato di teologia simbolica*, Brescia 1989, 29-143.

[33] ASTI, *Dalla spiritualità alla mistica*, 52.

rato epifanico»[34], frutto dell'ansia di dialogare e di coinvolgere il fedele, di unire il mistero trinitario e il mistero del credente, di collegare le immagini visibili al mondo dell'invisibile.

Un approccio simbolico della teologia si configura, sin da questi primi accenni, risolutivo degli opposti riduzionismi cui dogmatica e sistematica sono soggetti. Il simbolico sembra essere in grado di tenere insieme, senza confondere, l'elemento oggettivo e quello soggettivo del dato teologico: da una parte, infatti, esso rinvia ai Simboli di fede il cui contenuto, affondando le radici nella Rivelazione, è l'oggetto da presentare in forma articolata; dall'altra, suppone «la libera creatività del teologo che organizza l'esposizione con il linguaggio e secondo le istanze fondamentali della situazione storica del cristianesimo con cui entra in dialogo»[35].

---

[34] CIAVOLINO, *Catechesi e linguaggio dei simboli*, 8.

[35] FORTE, *La Parola della fede*, 52.

3. Pensiero cristiano e "fatto musicale"

Il rapporto che intercorre tra il fatto musicale e la tradizione del pensiero cristiano risulta essere alquanto singolare e complesso. La singolarità e la complessità sono generate proprio dall'inversa proporzionalità che sussiste tra la vicenda di cospicua interazione pratica del cristianesimo e del musicale e l'irrisorio sviluppo dei nessi teorici relativi. Da uno studio anche sommario, è possibile notare che «la civiltà cristiana, matrice e nutrice della storia musicale dell'Occidente, non ha una vera e propria tradizione teologica sull'argomento»[36]. Al cospetto di una riflessione intorno ai problemi propriamente tecnici tutt'altro che trascurabile, sviluppata da uomini di chiesa e da scuole ecclesiastiche, e al forte impegno esecutivo, compositivo e didattico, la singolare assenza di fervore, nel campo della riflessione teologica sulla musica, appare ancora più notevole[37].

Anche sul terreno propriamente pratico, la tradizione e la prassi ecclesiastica cristiana sono segnate da un atteggiamento dicotomico cui soggiace una doppia simbolica del sublime e del

[36] P. SEQUERI, *Il teologico e il musicale*, in *Teologia* 10 (1985) 307.

[37] Cf. P. SEQUERI, *L'estetico per il sacro. Affectus fidei e ars musica: la questione teologica,* in *La Scuola Cattolica* 123 (1995) 640-644.

sensuale, del divino e del demoniaco, del sacro e del profano: accanto al vigoroso e costante impulso accordato alla pratica musicale fino ai suoi massimi livelli coesistono pronunciamenti disciplinari di tipo restrittivo e ascetico del costume musicale soprattutto in ambito liturgico.

La tradizione biblica non presenta una riflessione specifica sull'essenza teologica del fatto musicale del modello, ad esempio, di quella che viene sviluppata a proposito dell'architettonica del tempio[38], anche se rivela un'attenzione articolata e specifica alla pratica musicale. Secondo il libro dei Proverbi, è danzando e cantando che la Sapienza divina creò l'armonia dell'universo; dalla Genesi all'Apocalisse, melodie, strumenti musicali, canti e cori angelici risuonano negli episodi più indimenticabili delle Scritture[39]: ne sono un esempio le solenni liturgie del libro dell'Apocalisse – che appare quasi una partitura per "soli, coro e orchestra –, e la figura del re Davide che conferisce forte densità simbolica al musicale e nella cui tradizione «si assommano i nessi del musicale con le radici dello psichico e con le altezze della

---

[38] Cf. Y. M. CONGAR, *Il mistero del tempio*, Torino 1963.

[39] Cf. G. RAVASI - D. M. TUROLDO, *Il canto della Rana. Musica e teologia nella Bibbia*, Casale Monferrato (Al) 2003, 23-25.

Parola»[40]. Nulla, però, si evince circa un rapporto del musicale con l'incarnazione di una forma trascendente del mondo o con la rivelazione di una particolare verità divina.

Il primo tema sarà suggerito alla cultura cristiana dalle tradizioni forgiate dal platonismo: il musicale sarà inquadrato come eco o immagine sensibile di una forma trascendente (spirituale/razionale) del mondo. Il secondo motivo, invece, sarà approfondito – per quanto possa stupire – all'interno di un orizzonte, che definiremo "extrateologico", che è quello dell'estetica idealistica e romantica[41]. Dunque, il massimo dell'evidenza con la quale è posto un nesso intrinseco tra il vertice espressivo dell'arte musicale e l'dea di rivelazione divina ha luogo in un contesto di pensiero nel quale è culturalmente fondamentale la forza strutturante dell'universo religioso e della simbolica cristiana, ma che è ormai sottratto in modo irrimediabile al dominio esclusivo della teologia ecclesiastica. Questa situazione culturale produce una divaricazione tra la scienza teologica cristiana, ormai priva di interesse per l'approfondimento della questione, ed il pensiero occidentale «che giunge alla identificazione di una specifica "potenza metafisica" della musica proprio assumendo

---

[40] SEQUERI, *Il teologico e il musicale*, 309.

[41] Cf. SEQUERI, Ec*cetto Mozart*, 155-159.

le figure dell'esperienza mistica plasmata dalla simbolica religiosa e cristiana»[42].

Il vuoto di pensiero che si apre a causa di questa singolare divaricazione rimane ancora evidente sotto i nostri occhi. La riflessione propriamente teologica sulla musica – e sull'estetico in generale – è assai esigua e, in molti casi, di profilo alquanto modesto[43]. Gli interventi dei teologi, anche dove sono istruiti storicamente e sistematicamente in termini globali e musicalmente pertinenti, non suscitano confronto, non accendono interazioni, non sviluppano produttive connessioni con l'approccio globale all'intelligenza della fede e dell'esperienza religiosa in generale.

A dispetto di ciò, la simbolica religiosa continua ad esercitare un fascino indiscusso sulla pratica compositiva, indipendentemente dall'adesione esistenziale alla prospettiva di una fede personalmente condivisa. La tendenza a lasciarsi provocare dall'universo della simbolica religiosa travalica ogni confinamento ideologico, ogni resistenza culturale, ogni stabilita distinzione del sacro e del profano, come se, resistendo ad ogni imposta separatezza della secolarizzazione odierna, l'impulso musica-

---

[42] SEQUERI, *Il teologico e il musicale*, 311.

[43] Grande eccezione a questa situazione di stallo è rappresentata dalla produzione dell'esteta della musica Pier Angelo Sequeri.

le stesso nutrisse un'attrazione "fatale" per un "oggetto" che gli è proprio perché appartiene sin dalle sue origini alla sua "natura".

In realtà, il legame che intercorre tra tradizione religiosa e fatto musicale è di natura doppia perché, nonostante la consapevolezza del carattere pericolosamente sfuggente delle ambivalenze del musicale, la stessa tradizione religiosa non ha mai rinunciato ad identificare nella musica un oggetto di particolare interesse. La coscienza religiosa non può rinunciare all'estetico! Anche se esso appare requisito dalle figure di una coscienza individuale in cui il desiderio ed il proprio oggetto si confondono l'uno nell'altro[44], estenuando la qualità metafisica dell'impulso alla trascendenza, il rapporto della musica con l'elemento emozionale, affettivo, simbolico ed anche ludico, non può essere espulso dalla coscienza religiosa., proprio perché «la sfera dei sentimenti e degli "incanti" appartiene alla costituzione stessa della coscienza credente»[45].

Il pensiero teologico, dunque, deve sentirsi sollecitato non ad un'azzardata difesa teologica dell'estetica romantica – che, anzi, «andrebbe contestata per la propria dannosa confusione tra

---

[44] Cf. SEQUERI, *L'estetico per il sacro*, 637-640.

[45] SEQUERI, Ec*cetto Mozart*, 159.

l'estetico e il mistico»[46] – ma ad un'analisi attenta atta ad individuare teologicamente gli argomenti di una possibile legittimazione del musicale nell'ambito dell'espressione della fede in genere ed a fondare, epistemologicamente, un'ermeneutica del simbolico che, soprattutto sul terreno del musicale, registra un'esigua letteratura[47]. Per dare forma all'ipotesi concreta di stimolare un apprezzamento dell'interazione tra processi di simbolizzazione musicale dell'epoca ed ermeneutiche filosofiche e teologiche della dimensione religiosa, valide suggestioni vengono alla teologia dall'approccio fenomenologico-simbolico alla significatività della musica[48] nell'orizzonte di una coscienza riflessiva e critica che sappia discernere tra illusione e rivelazione di un simbolo sempre necessariamente radicato in un'intenzionalità corporea dalla quale mira a svincolarsi per dirne la trascendenza[49]. Dunque, la ricerca di una ragione della trascendenza interna alla fenomenalità della percezione rimane questione vitale perché la credulità svuota di senso la fede alla radice: la *fides quaerens intellectum*, esigenza imprescindibile della fede cristia-

---

[46] SEQUERI, *Il teologico e il musicale*, 312.

[47] Tra gli interventi che hanno dato linfa ed impulso alla fondazione epistemologica di questa prospettiva ricordiamo M. DE NATALE, *Strutture e forme della musica come processi simbolici. Lineamenti di una teoria analitica*, Napoli 1985.

[48] Per una ricerca intorno alla semantica del musicale cf. G. STEFANI, *Introduzione alla semiotica della musica*, Palermo 1976.

[49] Cf. V. MELCHIORRE (cur.), *Simbolo e conoscenza*, Milano 1989.

na, diviene anche il programma di ogni ermeneutica teologica del simbolo.

4. Musica e comunicazione estetica: il "simbolo musicale"

La variegata produzione artistica dell''uomo, dalla scultura alla pittura, dall'architettura alla musica, è forma denotativa dell'esperienza che egli stesso fa della grazia trasformante di Dio capace di inondare tutto il suo essere. In ogni campo artistico, l'uomo produce dei simboli che narrano di quest'incontro personale, di quest'esperienza soprannaturale: nell'ottica della fede il simbolo cristiano è vettore semantico di quest'incontro che si realizza in tutto il dispiegarsi della "storia della salvezza" e che resta radicato nel figlio Gesù Cristo, sacramento primordiale del Padre. Anche la produzione musicale si esprime in simboli fatti di ritmi, suoni, silenzi ed accenti capaci di dire di Dio, dell'uomo, del loro incontro: i simboli musicali «rendono emblematicamente possibile la congiunzione tra mondo e divinità, ponendo nell'inconscio dell'uomo l'idea, anzi l'esperienza, di una possibile riconciliazione tra Dio e il mondo»[50].

La natura del simbolo è molto complessa ed articolata[51] e, per una corretta comunicazione simbolica, è importante conoscere gli elementi intrinseci che la definiscono.

Il significante simbolico intrattiene un rapporto inscindibile col concreto cui si origina: una lettura decontestualizzata del simbolo porta ad un suo impoverimento semantico. Del resto, la relazione che il significante intrattiene col significato è fortemente soggettiva ed arbitraria: lo stesso simbolo, in base a convenzioni culturali (o, ad esempio, tradizioni religiose) differenti, può rimandare a significati anche opposti: cioè «il simbolo ha una forte valenza connotativi, rappresentata da quelle caratteristiche prodotte dalla vita dell'uomo nel suo contesto esistenziale»[52]. Ogni cultura, infatti, possiede la propria tradizione musicale, il proprio stile, il proprio linguaggio musicale. Gli stessi strumenti

---

[50] P. SEQUERI, *Mozart: il moderno nella teologia*, in *Jesus* 7/2006, 25.

[51] Cf. BERNARD, *Teologia simbolica*, 23-62.

[52] ASTI, *Dalla spiritualità alla mistica*, 232.

hanno una forte valenza simbolica che può mutare in base all'ambiente vitale di cui sono espressione[53].

Il fatto stesso che il simbolo esprima un incontro personale, ci fa comprendere quanto l'esperienza che l'uomo-artista fa di Dio sia fondamentale per la comprensione del suo discorso simbolico, articolato nella propria complessa e singolare "sintassi artistica" che svela la realtà imperscrutabile del mistero velandola nel vettore simbolico. Proprio per questo processo "di rivelar velando", potrebbe accadere che il simbolo, da trampolino di lancio, diventi un ostacolo per la conoscenza ponendosi fra ciò che esso è e ciò che intende simboleggiare: per questo, esso non deve mai identificarsi con ciò che intende significare per non arrestare lo slancio del pensiero che finirebbe per compiacersi del simbolo stesso.

Altra caratteristica fondamentale del simbolo è la sua capacità di essere realtà dinamica coinvolgendo l'interprete emotivamente in forza della sua profonda carica affettiva[54]: «esso non si consegna solo all'interpretazione, ma si dona al sentimento dell'uomo, alla sua capacità di entrare nel pieno del senso simbo-

---

[53] Superbo, in tal senso, è l'originale simbolismo strumentistico operato dal celeberrimo Camille Saint Saëns nella sua opera "Il carnevale degli animali": gli strumenti vengono trasformati in vere e proprie "maschere" di carnevale.

[54] Cf. BERNARD, *Teologia simbolica*, 23-62.

lizzato»[55]. Dunque, molto più che il concetto, il simbolo rimanda, esige ed invita all'azione[56] attraverso sentimenti che possono essere di sicurezza, di euforia, di profondo desiderio: l'immersione musicale nella "scena del paradiso" del Mefistofele di Arrigo Boito è capace di generare, molto più di qualsivoglia discorso concettuale, un profondo desiderio della comunione eterna con Dio, un sentimento di emozione e commozione che spinge interiormente ad un cammino di conversione atto a realizzare l'anelato incontro.

Il simbolo cristiano si rivela, fin dalle sue prime manifestazioni iconografiche, straordinariamente maturo, fondato su un repertorio non vastissimo ma incentrato su due momenti fondamentali della vita del fedele nelle comunità più antiche: la catechesi pre-battesimale, impartita ai catecumeni, e quella post-battesimale che accompagna i fedeli durante la loro vita[57]: esso «rinvia ad una realtà che trascende l'orizzonte umano e si proietta in una dimensione divina»[58]. Attraverso questo tipo particolare di linguaggio allusivo, conciso, duttile, si poteva più facilmente cogliere la sostanza di un discorso teologico o dottrinale, fissare

---

[55] ASTI, *Dalla spiritualità alla mistica*, 235.
[56] Cf. PIERRE, *Breve trattato di teologia simbolica*, 12-13.
[57] Cf. CIAVOLINO, *Catechesi e linguaggio dei simboli*, 32.
[58] ASTI, *Dalla spiritualità alla mistica*, 232.

nella mente dell'osservatore alcuni elementi chiave che permettessero l'immediato riconoscimento di una raffigurazione e di ciò che essa voleva esprimere.

Il periodo della scolastica, con la nuova impostazione scientifica della teologia, vede, se non proprio un disprezzo, certamente un diminuito interesse per la dimensione simbolica.

Nel corso delle diverse epoche storiche, quindi, il simbolo viene considerato talora come uno strumento privilegiato di conoscenza e di identità, talora, invece, come uno strumento povero ad uso dei primitivi, dei bambini e degli illetterati. L'epoca attuale, segnata dalla cultura delle "immagini", sta restituendo al simbolo e alla comunicazione estetica diritto di cittadinanza: in questo contesto, la musica è in grado di apportare il proprio contributo comunicativo capace di dire la fede in modo nuovo, semplice ed avvincente, suscitando, nel cuore dell'uomo, un più vigoroso slancio spirituale.

5. Fede cristiana e simbolo musicale: un percorso narrativo

Un percorso che voglia mettere in luce come la fede – nel nostro caso la fede nelle "cose ultime" – sia stata espressa nel panorama dell'opera lirica internazionale non può non essere di matrice narrativa. Infatti, non è possibile razionalizzare il simbolismo senza snaturarlo profondamente, in quanto esso non appartiene al campo del concettuale: nel «volerlo presentare in modi sistematici, logici, concettuali si finisce per tradirlo»[59]. Il simbolo va narrato perché, come nella Bibbia e nel pensiero dei Padri, esso riveli e commenti le verità cristiane, sveli il significato profondo della vita umana e fondi i rapporti che l'uomo deve intrattenere con la creazione e con il mondo divino che le conferisce senso[60].

Ciò che intendiamo proporre non è una simbolica teologica che, sullo stile di un dizionario dei simboli o di un trattato di iconografia religiosa, prenda il via dai simboli stessi per poi andare alla ricerca del loro significato. Piuttosto, è nostro interesse proporre uno studio che parta dalla classica esposizione del dogma cristiano, dalla fede escatologica della Chiesa, per tentare di far

[59] PIERRE, *Breve trattato di teologia simbolica*, 12.

[60] BERNARD, *Teologia simbolica*, 58.

emergere, attraverso uno studio critico accorto ed appassionato, come questa sia stata tradotta in immagini, musica, parole e danze dai più celebri autori di melodramma, attraverso una simbologia profondamente ricca e articolata quale può essere quella dell'opera lirica che nasce dalla convergenza di una pluralità di forme artistiche – poesia, musica, pittura, architettura, danza[61] – fuse in un "unicum inscindibile" che racchiude in sé una carica semantica notevole. Uno studio che, condotto in equipe e disponendo di risorse molto più ampie, potrebbe essere approfondito nel verso di un cammino diacronico alla ricerca delle numerose rappresentazioni delle opere che sono state allestite nel corso degli anni: sarebbe in questo modo possibile penetrare la visione anche teologica che soggiace ad ogni rappresentazione che si nutre di un pensiero dominante e di un preciso contesto culturale.

Troppo spesso, l'attività simbolica dell'uomo è stata concepita come un sostituto alquanto infantile dell'attività razionale, con la conseguente difficoltà a valorizzarne la portata. Eppure «proprio ad essa ricorre la mente quando vuole gettare lo sguardo sulle regioni inaccessibili delle origini e della fine»[62].

---

[61] A. PARENTE, *Musica e opera lirica. Saggio di estetica*, Napoli 1929, 11-20.

[62] BERNARD, *Teologia simbolica*, 61.

In una società come la nostra che conosce i frutti devastanti del processo di secolarizzazione, il simbolo si propone come elemento capace di orientare la coscienza senza mai staccarsi dal reale, dal movimento vitale: mettere in luce la portata teologica di scene melodrammatiche tratte dalle più celebri opere composte nel corso dei secoli offre alla Chiesa la conoscenza intima delle potenzialità di un mezzo espositivo e catechetico capace di parlare al cuore dell'uomo, soprattutto di quell'uomo culturalmente elevato, preparato, che molto spesso frequenta con più assiduità le sale da teatro che le assemblee liturgiche.

Capitolo II

IL MELODRAMMA

1. Caratteri generali dell'opera lirica

Il melodramma, o opera lirica, è una forma teatrale nella quale i personaggi, invece di parlare, cantano sia quando interloquiscono gli uni con gli altri sia quando riflettono per conto proprio spesso inspiegabilmente non sentiti da chi è accanto[1]: in questo modo, le emozioni, gli affetti e persino i fatti, durante una messa in scena, vengono percepiti prima della comprensione delle parole che li esprimono.

I gesti degli attori colpiscono per la loro diversità da quelli del genere teatrale non in musica: sono spesso approssimati per eccesso o di agitazione o di lentezza per assecondare il tempo della melodia che può risultare più o meno lenta a seconda

---

[1] Cf. V. Coletti, *Da Monteverdi a Puccini. Introduzione all'opera Italiana*, Torino 2003, 4.

dell'andamento. Questo introduce nel melodramma la categoria della "discontinuità temporale" che porta ad un utilizzo libero e mosso del tempo e soprattutto dei rapporti tra tempo della rappresentazione e tempo rappresentato: il personaggio è capace di realizzare in un baleno l'abbozzo di un atto per poi trattenere e bloccare il suo movimento senza compierlo, o compiendolo solo dopo molto tempo, per dare modo al linguaggio cantato di completare il proprio tracciato.

Non sono meno singolari gli scenari sul cui sfondo si svolge l'azione. Naturali o cittadini che siano (fortezze o foreste, chiese o grotte, palazzi o isole), gli ambienti non sono mai come nella realtà ma, amplificati dal lavoro dell'immaginazione, appaiono magnifici e stilizzati, iperrealistici e finti.

L'opera lirica è uno "strano" genere d'arte, fatto di componenti diverse e non omogeneizzabili tra di loro, che ha cercato ripetutamente di rendere plausibile e funzionale proprio la disparità e la specificità degli elementi che lo compongono[2]. La forma, multipla e composita, «non è il risultato di una drammaturgia ma la sua premessa e la sua ragione, in modo che la disomo-

[2] Cf. L. BIANCONI (cur.), *La drammaturgia musicale*, Bologna 1986.

geneità di linguaggi e forme non risulti d'ostacolo al teatro ma, anzi, lo serva e lo assecondi»[3].

Le componenti essenziali dell'opera sono sostanzialmente riconducibili alla coppia base di musica e linguaggio verbale, a cui possono essere riferite quasi tutte le altre polarità (libretto e partitura, poeta e musicista, intreccio drammatico ed esibizione vocale)[4]. Nel tempo, questi elementi si sono contesi il primato ed hanno cercato un equilibrio, modificandosi vicendevolmente per diventare più forti e più compatibili, più giustificabili e meno ingombranti. Solo la piena funzionalizzazione e subordinazione di entrambi i linguaggi di base - verbale e musicale – all'azione drammatica ha, nel secondo Ottocento, attenuato un'antica e costitutiva concorrenza di sistemi espressivi non precisamente concordi tra di loro. Ma la tensione tra gli assi costitutivi del teatro musicale è sempre rimasta forte e mai interamente risolta, neppure nelle espressioni più mature e recenti.

Il testo che l'opera mette in scena è un testo poetico: per questo, essa condivide con il teatro in versi la necessità di fare conti preventivi con una forma rigida precostituita che pretende o presume modalità drammaturgiche particolari. Al metro, poi, si

---

[3] COLETTI, *Da Monteverdi a Puccini*, 9.

[4] Cf. R. ALLORTO, *Nuova storia della musica*, Milano 1989, 146-154.

aggiungono la melodia e la musica che richiedono tempi e modi assai più speciali, con cui il melodramma deve necessariamente misurarsi. Proprio alla giustificazione e alla valorizzazione delle sue diverse componenti, l'opera lirica ha dedicato gran parte delle sue invenzioni, delle sue riforme, dei cambiamenti maturati nel corso dei secoli[5]. La storia dell'opera è, dunque, anche quella di un tentativo sempre rinnovato di collocare in un punto diverso, più plausibile e meglio motivabile, il proprio equilibrio tra gli strumenti che le sono propri (musica e canto) e quelli che condivide con il teatro di parola e in versi (lingua, metri, azione), in modo da valorizzare al massimo l'apporto e al contempo ridurre al minimo l'impatto degli uni sugli altri. A tal fine, essa ha sviluppato una serie di convenzioni che sono diventate la base da cui partire per ridurre al massimo l'impatto con una dimensione scenica in cui qualcuno, invece di parlare, canta. Nessun genere artistico ha raggiunto e richiede un così alto tasso di convenzionalità, uno scarto così forte dallo standard dei sistemi espressivi comuni (linguaggio, gesti), che pure adopera come qualsiasi altra forma di teatro, per costruire un regime linguistico inconsueto,

---

[5] Cf. A. BASSO, *Musica in scena. Storia dello spettacolo musicale*, Torino 1996, 83-157.

decifrabile solo dalla somma delle diverse componenti (musica, canto, parole, gesti…) che lo formano.

2. Origine e sviluppo del melodramma

L'Opera lirica ha avuto origine dal desiderio, da parte degli intellettuali rinascimentali della "Camerata fiorentina", di voler riportare in vita, in lingua italiana, la tradizione della tragedia classica greca secondo la peculiare concezione che questa cerchia di intellettuali aveva dell'ellenica forma artistica. Si pensava, infatti, che quest'ultima fosse interamente cantata, anche nei recitativi, in quel modo che poi venne definito, con un'espressione divenuta poi famosa, "recitar cantando"[6].

Così facendo, si prese a dare ampio spazio alla parola che, valorizzata in tutte le sue sfumature, orientò i compositori verso la "monodia" (forma musicale dalla singola linea melodica), in contrapposizione a quella "polifonia" estremamente articolata e poco rispettosa del linguaggio verbale, che stava vivendo, con il madrigale drammatico di Orazio Vecchi, Adriano Banchieri e

---

[6] Cf. S. BELLO, *Origini del melodramma*, in *Apulia* 4 (1991) 154-198.

Alessandro Striggio, l'estremo tentativo di far sopravvivere un genere musicale ormai prossimo all'esaurimento del suo ciclo e-stetico.[7] E' interessante sottolineare che, anche se si era partiti dall'esigenza di riscoprire l'antico, si finì per creare un genere teatrale del tutto nuovo che prese, appunto, il nome di "melodramma".

I primi esperimenti in merito al nuovo modo di concepire l'arte musicale, nati all'interno delle riunioni della Camerata, portarono alla nascita anagrafica del melodramma legata all'esecuzione dell'*Euridice* di Ottavio Rinuccini, musicata da Jacopo Peri, il 6 ottobre del 1600, in occasione dei festeggiamenti per le nozze di Maria de' Medici.

Il melodramma ebbe diffuse manifestazioni rilevanti: a Mantova e a Roma, nei primi decenni del 1600, rispettivamente con Claudio Monteverdi e con la librettistica del cardinale Giulio Rospigliosi (eletto papa col nome di Clemente IX il 20 giugno del 1667); a Venezia, con l'apertura, nel 1637, del San Cassiano, il primo teatro a pagamento; a Napoli, soprattutto grazie all'apertura dei primi Conservatori di musica, vere scuole professionali da cui vennero fuori i musicisti che fecero di questo genere una

---

[7] Cf. ALLORTO, *Nuova storia della musica*, 126-133.

vera e propria industria e che resero celeberrima l'opera buffa; a Vienna, nel '700, grazie alle riforme legate ai nomi del veneziano Apostolo Zeno, che restituì al melodramma autonomia drammatica riportando la logica nell'azione teatrale disciplinandone lo svolgimento, e di Pietro Metastasio, «il più eletto poeta di teatro musicale di tutti i secoli»[8], che perfezionò gli interventi di risistemazione di Zeno, definendo il modello che l'opera lirica italiana ed internazionale avrebbe seguito per gran parte del secolo, fino alla successiva "riforma gluckiana", frutto del felice incontro tra il celebre musicista bavarese Christoph Willibald Gluck e il poeta e librettista italiano Ranieri de' Calzabigi. Le loro intuizioni, infatti, mirarono alla semplificazione dell'azione melodrammatica ed all'eliminazione del tagliente divario tra i recitativi e le arie mediante l'introduzione del recitativo accompagnato e l'abbandono del canto fiorito dell'aria che rendeva le parole del testo poco intelligibili[9].

I primi due secoli della storia del melodramma sono, dunque, caratterizzati da continue aperture di teatri, dallo sviluppo della scenotecnica e dal divismo dei cantanti, dal passaggio dai soggetti iniziali mitologico-pastorali a quelli successivi fantasti-

---

[8] *Ivi* 187.

[9] Cf. P. MIOLI, *Invito all'ascolto di Gluck*, Milano 1987, 110-112.

co-romanzeschi o storici, dalle riforme rivoluzionarie miranti al-l'impellente necessità di ripulimento formale e, infine, dallo sviluppo storico dell'opera buffa, nata in antitesi all'opera seria, passata dalla farsa (che si sviluppava in un atto unico) all'opera di "carattere" (melodramma giocoso in due atti), per poi giungere alla commedia sentimentale.

Ci si ritrova, dopo quasi due secoli, ad assistere alla nascita dell'opera ottocentesca che, influenzata da movimenti filosofici, letterari, storici e politici, sposterà il suo interesse verso quei soggetti adatti ad un genere di opera serio, in contrapposizione a quello comico, di matrice napoletana o veneziana, che si esaurirà verso il 1850 e che tornerà a donarci ancora un suo validissimo esempio solo nel 1893, grazie al *Falstaff* di Giuseppe Verdi.

Per il mondo operistico italiano, il XIX è un secolo d'oro che contempla l'opera mirabile di musicisti quali Gioacchino Rossini, Gaetano Donizetti, Vincenzo Bellini e Giuseppe Verdi, per poi rifugiarsi nell'irrequietezza della Scapigliatura, con operisti come Arrigo Boito, Amilcare Ponchielli ed Alfredo Catalani e, infine, giungere, nel quarto di secolo prima della seconda guerra mondiale, al periodo della cosiddetta *Giovane Scuola* che impose la produzione musicale di Giacomo Puccini, Ruggero Leoncavallo, Pietro Mascagni, Francesco Cilea e Umberto Giordano[10].

Anche in Francia ed in Germania si assiste, nello stesso periodo, ad una vera esplosione di fecondità ed innovazione musicale. In Francia, infatti, si afferma il *Grand opéra*, una forma di rappresentazione teatrale "totale" in cui confluiscono, fondendosi con peculiare grandiosità, parole, suono ed azione, mentre in Germania prende corpo il cosiddetto *Wort-Ton-Drama* (letteralmente "dramma di suono e parole"), vera e propria rivoluzione del teatro musicale portata a compimento da Richard Wagner, caratterizzato da due elementi fondamentali: il *Leitmotiv* (tema o motivo conduttore ricorrente, associato ad un personaggio, un sentimento, un luogo, un'idea, un oggetto) e la "melodia infinita", che conduce al conseguente abbandono della distribuzione in strofe e dell'impiego della rima[11].

Il dopo Wagner è un periodo legato ad una necessità di sperimentazione, fattore che conduce all'imposizione di una tipologia d'opera rivolta ad un ristretto pubblico di intenditori.

La produzione moderna vede una prima reazione al wagnerismo in Claude Debussy, con la celeberrima *Pellèas et Mélisan-*

---

[10] Cf. L. BIANCONI, *Il teatro d'opera in Italia*, Bologna 1993, 229-245.

[11] Cf. E. SURIAN, *Manuale di storia della musica*, Milano 1998, 345-370.

de, nell'opera di Richard Strass, nell'esperienza del teatro espressionista di Arnold Schoenberg e nell'opera su drammi di gran rilievo di Alban Berg. Sono, inoltre, da menzionare le opere di Stravinsky (che muove i suoi passi dal fiabesco *Rossignol* al neoclassico *Carriera d'un libertino*), la produzione operistica russa, l'eclettismo di Britten, la ricchezza melodica ed armonica dell'opera di Gershwin, la produzione di Menotti (autore, egli stesso, dei libretti), il linguaggio musicale di Pizzetti che si estrinseca nel "recitativo cantato", ispirato all'originaria forma del recitativo fiorentino del '600, con lo scopo di trovare una perfetta aderenza fra musica e testo.

Il rapido sguardo all'evoluzione di questa forma artistica maturata in epoca moderna ci ha permesso di mettere in luce quanto questa sia in profonda e continua evoluzione. Il melodramma è un continuo divenire di un discorso musicale che sa di magia, di sogno, di emozione. L'opera lirica manifesta efficacemente la voglia, o meglio la necessità, di fare musica e teatro, che ha caratterizzato da sempre la civiltà umana, a partire dalle prime forme di spettacolo medievali, profane e religiose, sino a giungere alle nuove rivoluzionarie e sempre più perfette forme di teatro moderno.

Proprio l'innegabile legame col "Dramma liturgico", sviluppatosi a cavallo tra la fine del I e l'inizio del II millennio, ci aiuta a comprendere quanto fecondo sia l'incontro tra l'articolata forma artistica dell'opera lirica e la fede cristiana[12]. Infatti, proprio la liturgia cattolica ha rappresentato l'alveo entro il quale musica, testo sacro ed azione scenica hanno preso ad incontrarsi per un sodalizio fecondo e sapiente che condurrà alla nascita del genere dell'Oratorio e della Cantata Sacra di Giacomo Carissimi[13].

Lo spazio del rito cristiano entro il quale la progettualità musico-teatrale ha potuto inserirsi in modo autonomo è quello costituito dai "tropi", versetti cantati durante le celebrazioni liturgiche[14]. La struttura "dialogata" di alcuni di questi versetti ha condotto ad una loro esecuzione gradualmente sempre più scenica. L'esempio più efficace di questo processo evolutivo è rappresentato dallo sviluppo del tropo del *Quem quaeritis*, tratto dalla liturgia di Pasqua: questo dialogo tra l'angelo e le donne venute al sepolcro di Gesù divenne un vero e proprio "ufficio liturgico" di carattere melodrammatico, minuziosamente disciplinato da apposite rubriche, nel quale diaconi e cantori erano chiamati a

[12] Cf. P. TOSCHI, *Le origini del teatro italiano*, Torino 1982, 672-673.

[13] Cf. M. MILA, *Breve storia della musica*, Torino 1993, 121-126.

[14] Cf. ALLORTO, *Nuova storia della musica*, 49-50.

drammatizzare, in canto, il momento dell'incontro tra le donne e gli angeli che annunziavano loro la risurrezione del Signore. Questo "ufficio liturgico" divenne, in tempo molto breve, un vero e proprio "dramma liturgico" denominato *Visitatio Sepulchri*, ormai separato dall'azione liturgica e caratterizzato da un apparato scenico molto sviluppato (con la costruzione delle scene, del sepolcro). Anche i testi divennero sempre più articolati e compositi: al dialogo dei personaggi principali si affiancarono elementi corali di commento e la presenza di un narratore. Ai sacri ministri, ben presto, si sostituirono «attori più competenti che resero la nuova forma espositiva più efficace ad esprimere, anche al popolo meno colto ed incapace di comprendere la lingua latina, la grande verità della Pasqua del Signore Gesù Cristo»[15].

[15] J. DRUMBL, *Il teatro medievale*, Bologna 1989, 38.

3. Gli elementi costitutivi dell'opera lirica

Un discorso introduttivo sull'identità dell'opera lirica non può non accennare agli elementi fondamentali che concorrono a plasmare questa composita e avvincente espressione artistica. Procederemo, dunque, ad introdurre brevemente gli elementi costitutivi dell'opera lirica che sono: il testo scritto del melodramma contenuto nel libretto, la musica strumentale, il canto, l'azione scenica.

Nel corso della storia dell'opera, lirica variano i rapporti tra il libretto del dramma e la partitura, tra il testo letterario e la musica. Il fatto stesso che in certi periodi si identifichi il melodramma dal suo poeta ed in altri dal suo musicista, mette in luce la tensione da sempre accesa tra i due poli principali del teatro operistico. Va comunque sottolineato che, anche quando le ragioni letterarie sembrano avere il sopravvento (come al tempo di Zeno e Metastasio), il libretto è sempre «un testo confezionato per la sua messa in musica e per una musica teatralmente efficace, "drammatica"»[16].

---

[16] COLETTI, *Da Monteverdi a Puccini*, 25.

Il libretto è uno delle componenti primarie dell'opera ma è la morfologia di questa, in un dato momento storico, a dettarne la struttura e, non di rado, persino il personaggio, in modo da rendere efficace un dramma rappresentato dalla musica e dal canto e, per questo, caratterizzato da un alto tasso di convenzionalità. La dipendenza del libretto dalla musica si traduce, nel tempo, in una dipendenza del librettista dalle esigenze del compositore che, a sua volta, è spesso vittima delle volontà dei cantanti: anche eccelse personalità artistiche, come quella di Metastasio, dovettero acconsentire alla manipolazione dei propri drammi da parte di musicisti che, soprattutto dal XIX secolo, avevano affermato un dominio incontrastato nella produzione dell'opera. Il libretto, però, detta all'opera le sue scansioni dividendola in prologhi, atti, scene, recitativi, arie: se i primissimi libretti prevedevano opere in atti sostanzialmente unici, con l'avanzare del processo di sviluppo dell'opera lirica il numero degli atti e la loro articolazione interna crebbero.

Va, infine, sottolineato che quello del libretto è un testo instabile: esso, infatti, è soggetto sia ai continui cambiamenti che il compositore ritiene necessari alla sua musica sia a quelli che autori successivi o interpreti possono aggiungere[17]. Il metro, inoltre, ci ricorda che il libretto d'opera è un testo poetico che, quindi, condivide il linguaggio della poetica dei secoli in cui fiorisce.

Anche il ruolo della musica orchestrale all'interno del melodramma ha conosciuto diverse concezioni. Sin dalle origini e fino alla riforma di Gluck, l'interesse del compositore e drammaturgo è rivolto soprattutto al canto o alla parola e la musica orchestrale gioca un ruolo di sostegno e complemento. Inoltre, se nei primissimi tempi (nell'opera di corte) gli orchestrali potevano corrispondere nel numero alla grandiosità di tutto l'evento, a partire dalle edizioni più commerciali dei teatri veneziani gli organici saranno fortemente ridotti con una importante perdita di effetti e sonorità.

Oltre al fondamentale sostegno al canto, l'orchestra svolge un ruolo di inquadratura dell'azione, riservandosi le "cornici" (*ouvertures* o sinfonie) di opera e di atto, le colorite introduzioni alle parti cantate, i ritornelli di sutura tra una strofa e l'altra di un pezzo chiuso. Di conseguenza, l'orchestra funge tanto da cucitura quanto da separazione tra i vari momenti e numeri dell'opera,

---

[17] Cf. F. LIPPMMANN, *Versificazione italiana e ritmo musicale. I rapporti tra verso e musica nell'opera italiana dell'Ottocento*, Napoli 1986, 65-97.

accentuando, con i suoi inserimenti, le diversità melodiche dei vari elementi solistici e corali della stessa.

Fin dalla prima stagione, gli strumenti possono essere chiamati a ruoli non meramente di sfondo e di accompagnamento: già Monteverdi li distribuiva a seconda dei diversi momenti del suo *Orfeo* per adeguare la musica all'ambiente ora sereno ora funebre ed introduceva voci strumentali particolari a dialogare con i cantanti. L'orchestra, inoltre, può assolvere anche funzioni narrative, ricostruendo musicalmente una tempesta, un'alba, l'avanzare del buio, secondo tecniche imitative da sempre in vigore e continuamente rinnovate e messe a punto[18]

Con la riforma di Gluck, che riavvicina musica, canto e parole, l'orchestra rafforza la sua presenza usando timbri strumentali "parlanti", come quello degli ottoni o i tremoli nelle scene infernali: da un uso atto alla valorizzazione della parola, l'orchestra conosce un suo preciso ed eminente ruolo nel rapporto tra i vari linguaggi che compongono il melodramma.

Il canto rappresenta l'elemento cardine del melodramma, la struttura portante che costituisce l'originalità indiscussa di questo genere teatrale. Fin da subito, però, il teatro in musica si mi-

---

[18] Cf. L. COPPELLI, *L'opera come racconto*, Venezia 1994, 78-95.

sura e si scontra con i due assi espressivi della parola e del canto, della lingua e della musica, presto «condensati nei due istituti formali dei recitativi e delle arie»[19]. Infatti, le esigenze di verosimiglianza, all'inizio tanto forti, inducono addirittura ad ipotizzare due attori diversi per la stessa parte, a secondo che questa sia ritenuta più idonea al canto o alla recitazione: in questo modo, al canto venivano riservate le situazioni espressive di sentimenti, le riflessioni personali, mentre al recitato si attribuivano i colloqui, i dialoghi.

Le esigenze della musica e quelle della parola cercano un punto di equilibrio e di convivenza che sarà sempre messo in discussione. All'inizio, l'obiettivo teatrale e linguistico è talmente forte che le zone di puro canto (le stasi liriche di pezzi strofici) o sono poste ai margini dell'opera o sono pienamente funzionalizzate alla sua azione scenica (come il canto con cui Orfeo cerca di intenerire gli dei degli inferi nel melodramma di Monteverdi). I luoghi in cui la linea del canto e l'accompagnamento strumentale sono più intensi e importanti non stentano, però, a reclamare più attenzione o ad imporsi anche al di là delle strette esigenze drammaturgiche, spingendo ad un passaggio dall'iniziale "recitar

[19] COLETTI, *Da Monteverdi a Puccini*, 43.

cantando" ad un "cantar recitando" che sarà, nelle arie, sempre più un vero e proprio canto spiegato[20].

I due istituti del "recitativo" e dell'"aria", come le altre molteplici soluzioni intermedie sviluppatesi dal XVII secolo ad oggi, rappresentano il punto d'arrivo di questa ricerca di equilibrio tra parola e musica. Il recitativo è strutturato su una libera alternanza di versi sciolti con poche rime, addensate perlopiù in clausula o disseminate a distanza, come collegamento tra le battute dei differenti personaggi. Il discorso scorre senza ripetizioni, con singoli versi, nei dialoghi, non di rado condivisi da due attori diversi che ne occupano un emistichio ciascuno; il canto ribadisce, spesso, la stessa nota, rispetta gli accenti della parola, osserva le pause del testo, mantiene la voce nei registri centrali.

Diversa e più articolata è, invece, la struttura delle arie: il metro è strofico, regolarizzato dalla rima, con versificazione sempre più spesso su misure brevi, con ritmi e accenti regolari e fissi. La voce si muove lungo tutta la scala anche con salti, movimenti forti, travolgendo, se occorre, perfino la parola, con acrobazie vocali, coloriture varie, dilatazioni sillabiche interminabili. Le arie sono introdotte da brevi sinfonie e l'orchestra, come

---

[20] Cf. P. FABBRI, *Origini del melodramma*, Torino 1996, 83-157.

già illustrato, si inserisce nelle pause del canto, spesso a fine strofa, con i suoi ritornelli eseguiti, oltre che dal basso continuo anche da due o tre parti reali acute che svolgono un importante ruolo di dialogo col cantante[21].

L'opera lirica, in quanto azione teatrale, possiede anche una sua dimensione squisitamente scenica che ne permette una continua rilettura secondo diverse chiavi d'interpretazione e che concorre in modo tutt'altro che marginale alla formazione di quel linguaggio composito che intendiamo evidenziare, in questo lavoro, mettendone in luce le attitudini teologiche.

La libertà interpretativa che un regista ed il suo scenografo hanno nei confronti di qualunque testo teatrale è al contempo esaltata e coartata dal teatro musicale. La musica impone, infatti, ritmi e tempi non modificabili ma, d'altra parte, l'inattualità costitutiva del teatro d'opera consente una stilizzazione scenica impensabile altrove e sempre molto sorprendente.

Anche l'apparato scenico del melodramma conosce diverse fasi evolutive legate, in particolar modo, al passaggio dal contesto di corte a quello commerciale e popolare dei primi teatri pubblici: se nel primo caso si incontrano allestimenti sfarzosi e

---

[21] Cf. R. POZZI (cur.), *La musica come linguaggio universale*, Firenze 1990, 51-63.

grandiosi finanziati dalla nobiltà di cui il melodramma era appannaggio, con la commercializzazione dell'opera lirica conosciamo un drastico ridimensionamento dell'apparato scenico ormai sotto il diretto controllo dell'emergente figura dell'impresario.

Da quanto detto, possiamo comprendere come l'opera lirica sia il prodotto di un aggregato di artisti. Alle figure più familiari del compositore, del librettista, dei cantanti, degli orchestrali, del coro, vanno aggiunti gli scenografi, i registi, i pittori dei teloni di scena, i disegnatori dei bozzetti, spesso artisti straordinari. Questo insieme di competenze e di presenze è sempre stato difficile da coordinare: il riconoscimento di un'autorità in grado di gestire così diverse e spesso incompatibili professionalità è cosa che affligge tutta la storia dell'opera.

La difficoltà di coordinazione, però, nulla toglie alla grandiosità del risultato: la creazione di una forma artistica che, nella sua unicità, si rivela essere un mezzo di comunicazione polisemantico, capace di coinvolgere l'interlocutore a diversi livelli. Allo spettatore estasiato, il messaggio giunge attraverso la parola, il suono ed il ritmo, le scene, la recitazione: un linguaggio pluridimensionale che coinvolge e rapisce, suscitando forti emozioni e sentimenti mentre racconta.

Capitolo III

ESCATOLOGIA MELODRAMMATICA: ESEMPI DI RILETTURA TEOLOGICA

1. Questioni introduttive

Evidenziare come alcuni celebri autori di opere liriche abbiano espresso, nelle loro opere, le profonde verità escatologiche della fede cristiana è certamente un'impresa a dir poco titanica.

La struttura profondamente articolata del melodramma, indagata sinteticamente nel capitolo precedente, rende necessario un approccio polivalente, capace di abbracciare, con efficacia e obiettività, il messaggio trasmesso attraverso un poliedrico canale espressivo. Occorre, dunque, servirsi di uno sguardo sinottico, capace di leggere simultaneamente i testi verbali, musicali e scenici fusi nell'unico grande linguaggio melodrammatico[1].

---

[1] Cf. G. Pagannone, *Per una didattica del melodramma. Idee e percorsi*, Genova 2008, 24-27.

Questa prima premessa di carattere metodologico mette in luce tutta la profonda "provvisorietà ermeneutica" del nostro lavoro: se già la lettura interpretativa di un testo letterario dà origine, nella feconda circolarità ermeneutica, ad un processo mai concluso, tanto più la lettura di un'opera lirica, che può avvenire solo a partire da una nuova esecuzione della stessa, amplifica questa caratteristica di provvisorietà. Un melodramma, infatti, subisce una prima interpretazione da parte degli esecutori all'atto della rappresentazione e, conseguentemente, una successiva lettura da parte dello spettatore che ne ammira una visione già particolare e contestualizzata.

Queste osservazioni ci proiettano verso un ulteriore campo di indagine che può essere rappresentato, come già anticipato precedentemente, dalla lettura diacronica della medesima opera attraverso i suoi successivi allestimenti, al fine di evidenziarne le differenze interpretative previe che afferiscono non solo all'impianto scenico, che certamente resta il più modificabile ed interpretabile, ma anche all'espressione musico-vocale che si accompagna all'azione scenica e che, per sua natura, si presta anch'essa ad interpretazioni soggettive ed originali che la rendono un linguaggio inesauribile. Un lavoro, dunque, che suppone un aggancio constante al *sitz im leben* (l'ambiente vitale) non solo dell'opera melodrammatica scaturita dall'estro creativo dei suoi autori, ma anche a quello di ogni successivo allestimento che dà vita ad un'opera sempre nuova e sempre carica di nuovi significati.

Il nostro lavoro, per la sua natura e per le sue finalità, offrirà soltanto uno spunto di lettura di alcune opere analizzate a partire da particolari allestimenti, divulgati attraverso supporti multimediali, e da partiture ridotte per cantanti ad uso didattico.

Un lavoro più preciso e proficuo avrebbe richiesto la raccolta di materiale e di dati non facilmente reperibili se non a costi molto elevati: partiture orchestrali integrali, supporti audiovisivi, visioni teatrali dal vivo, certamente più efficaci e complete.

Nonostante la "semplicità dei mezzi", l'impostazione esemplificativa dello studio resta valida e costituisce il punto di partenza per un'indagine più approfondita secondo le linee appena illustrate.

2. Osservazioni metodologiche

Prima di procedere con l'analisi esemplificativa delle scene di alcuni celebri melodrammi, è fondamentale impostare una griglia metodologica che ci permetta di accostare le opere con un procedimento analitico unitario[2].

Le nostre considerazione, di volta in volta, muoveranno da uno sguardo sintetico sulle verità escatologiche della fede cristiana così come vengono proposte dal magistero ecclesiastico. La natura del nostro lavoro, infatti, non ci permette di indagare storicamente lo sviluppo teologico degli articoli di fede, a partire dalla Scrittura e dai Padri, al fine di evidenziarne la sempre più approfondita comprensione. Nostro interesse, indicato già nel primo capitolo di questo lavoro, è presentare semplicemente la fede della Chiesa cattolica circa "le cose ultime" per valutare in che modo questa è stata "portata in scena" dagli artisti dell'opera lirica.

Dopo una breve presentazione dell'opera in esame, la nostra indagine si soffermerà sull'analisi più attenta della sezione individuata per lo studio. Fissando gradualmente lo sguardo sui sin-

---

[2] Cf. G. COLOMBO, *Professione "Teologo"*, Milano 1996, 14-16.

goli livelli espressivi dell'opera, ne andremo a leggere innanzitutto il testo letterario, cioè il libretto, recependo non solo il contenuto delle battute scambiate dai personaggi, ma anche le eventuali prescrizioni sceniche. Successivamente, la nostra attenzione si concentrerà sullo studio del testo musicale, strumentale e vocale, mediante l'analisi delle caratteristiche della partitura (timbrica orchestrale, forma musicale, figurazione ritmica e melodica) e l'ascolto dell'interpretazione a nostra disposizione. Infine, ci dedicheremo ad un'indagine sul testo scenico e scenografico (i costumi, le scene, i colori e le luci di fondo, l'allestimento nel suo complesso) valutandone la portata comunicativa circa i contenuti veicolati.

La nostra indagine sarà conclusa, di volta in volta, da un commento mediante il quale cercheremo di delineare il contenuto unitario del frammento analizzato, mirando ad evidenziare, al contempo, sia le corrispondenze che le eventuali divergenze tra la visione del melodramma esaminato e la fede della Chiesa.

3. L'empio retribuito nel *Don Giovanni* di W. A. Mozart

La dottrina escatologica cristiana insegna, senza esitazioni, che «morire in peccato mortale, senza essersene pentiti e senza accogliere l'amore misericordioso di Dio, significa rimanere separati per sempre da lui per una nostra libera scelta»[3]. La Chiesa, dunque, indica l'esistenza di uno stato escatologico di definitiva ed eterna autoesclusione dalla comunione con Dio e con i beati che viene indicato con il termine "inferno"[4]. Il momento della morte rappresenta, dunque, la fine della possibilità di decidersi in favore di Dio o contro di lui: gli stati di salvezza e di condanna sono eterni e, quindi, immutabili, per cui iniziano immediatamente dopo la morte[5].

Riguardo a questo stato di dannazione eterna, nel corso dei secoli il Magistero ha indicato due elementi distinti di pena, entrambi eterni, che sono la privazione della visione di Dio, definita teologicamente "pena del danno", e un altro elemento compendiato dall'espressione neotestamentaria di "fuoco eterno", de-

---

[3] *Catechismo della Chiesa Cattolica*, n. 1033.

[4] Per una sintesi dei pronunciamenti magisteriali e per una trattazione ampia e sistematica della questione cf. C. POZO, *Teologia dell'aldilà*, Cinisello Balsamo (Mi) [6]1994, 397-433.

[5] Cf. BENEDETTO XII, Costituzione *Benedictus Deus*: DS 1001.

finito “pena del senso”[6]. Attualmente, la Chiesa indica con l’espressione “fuoco eterno” le pene dell’inferno, tra le quali la principale è la separazione eterna da Dio[7].

L’emblematica e celeberrima figura del *Don Giovanni* di W. A. Mozart su libretto di Lorenzo Da Ponte, allestito per la prima volta al Teatro Nazionale di Praga il 29 ottobre del 1787, ci offre la possibilità di “vedere in scena” il vero e proprio dramma della morte di un peccatore irriducibile: testo, musica e scena esprimono simbolicamente, nella salda unità tipica dell’impostazione mozartiana, il precipitare nello stato di condanna eterna dell’anima che non si è pentita e che non ha accolto l’amore misericordioso di Dio.

In realtà, la figura del dissoluto punito, rielaborata dal librettista Lorenzo Da Ponte, ha origini molto vicine alla riflessione teologica: in questo caso, la nostra rilettura è quanto mai opportuna e riporta il soggetto al suo contesto teologico originario.

L’immagine luciferina di Don Giovanni è, infatti, una creazione della morale controriformista: la diffusione seicentesca della figura del nostro libertino si deve proprio all’ambiente gesuitico, che ne fece abbondante uso come storia di edificazione.

---

[6] Cf. POZO, *Teologia dell’aldilà*, 421.
[7] *Catechismo della Chiesa Cattolica*, n. 1035.

Non a caso, il vero creatore della figura letteraria di Don Giovanni fu il religioso Gabriel Téllez, detto Tirso de Molina, che nel 1630, allo scopo di conferire maggior forza alle proprie predicazioni, scrisse, traendo spunto dagli atti processuali dell'Inquisizione, una commedia edificante dal titolo *El Burlador de Sevilla*, in cui, per punire un certo Don Juan Tenorio, gran peccatore, le potenze Celesti inviano sulla terra una statua con il compito di trascinarlo all'inferno. Nasceva così il mito del dissoluto punito, un mito che sarebbe stato per molti secoli continuamente rielaborato dagli artisti[8].

Dalla Spagna, il personaggio di Don Giovanni varcò i Pirenei interessando la commedia popolaresca. In questo contesto, trascurando il lato edificante del racconto, l'attenzione fu puntata tutta verso i costumi sessuali del protagonista e verso la comicità del suo malcapitato servitore.

Il mito del dissoluto punito finì per interessare anche grandi uomini di teatro. Dalla creazione di Tirso de Molina, l'empia grandezza di Don Giovanni passò di mano in mano per tutto il Seicento e per tutto il Settecento, in un cammino glorioso le cui tappe più importanti sono rappresentate dal *Dom Juan ou Le fe-*

---

[8] Cf. A. BINATTI, *Don Giovanni*, in P. GELLI (cur.), *Dizionario dell'opera*, Milano 2006, 219-220.

stin de pierre di Molière (1665), dal *Don Giovanni Tenorio o sia Il dissoluto* di Goldoni (1736) e, infine, dal *Dissoluto punito o sia Il Don Giovanni* di Mozart e Da Ponte. Quando finalmente arriva nelle mani di questi ultimi, la figura di Don Giovanni ha subito non poche trasformazioni che ne hanno stravolto l'immagine. Sotto un'ormai logora maschera moralistica, appare ormai chiaro che l'interesse si sia concentrato sull'insostenibile fascino del cavaliere e sui suoi invidiabili "trionfi libertini" piuttosto che sul castigo finale.

La riproposizione mozartiana si presenta come un dramma giocoso in due atti, nel corso dei quali vengono narrati i misfatti del protagonista, Don Giovanni, impegnato ad insidiare, con l'aiuto del servitore Leporello, le giovani donne su cui posa lo sguardo interessato. Il primo atto si apre con la tentata violenza ai danni del personaggio di Donna Anna che termina in tragedia: il Commendatore, accorso in aiuto della figlia, perde la vita durante il duello a cui aveva sfidato Don Giovanni. La figura del commendatore rappresenta l'inclusione narrativa che incornicia tutta l'opera: sarà proprio il suo fantasma a spalancare al perfido protagonista le porte dell'inferno. Infatti, nel secondo atto, dopo l'ennesima malefatta ai danni dei due sposi, Zerlina e Masetto, Don Giovanni si rifugia nel cimitero nel cui contesto si sviluppa l'inquietante colloquio con la statua del Commendatore defunto che lo mette in guardia sulla sua condotta malvagia. Lo sprezzante Don Giovanni, per nulla intimorito, incarica Leporello di invitare a cena la statua che, a sua volta, accetta l'invito: la fine di Don Giovanni è ormai segnata.

La scena su cui soffermeremo la nostra attenzione è proprio quella della morte di Don Giovanni in seguito all'arrivo a cena della statua del Commendatore che ancora lo invita insistentemente al pentimento. Si tratta di 78 battute, sul finire del secondo atto[9], che narrano i terribili istanti dal tocco della mano del Commendatore, che a sua volta aveva ricambiato l'invito a cena di Don Giovanni, all'ultimo grido con cui Don Giovanni sprofonda nell'inferno e che esprimono il rifiuto del protagonista a ravvedersi, pentirsi, anche quando il gelo che lo invade gli fa capire che il suo ultimo momento è giunto[10].

Dopo un attimo di turbamento che segue il terrificante invito a cena dello spettro, Don Giovanni accetta la proposta suggellando il patto con una stretta di mano che gli costerà la vita. Seguiamo lo sviluppo dell'intreccio drammatico dal libretto del Da Ponte:

---

[9] Precisamente si tratta dell'Atto II Scena 20: *Il Convitato di pietra e detti.*

[10] Cf. M. MILA, *Lettura del Don Giovanni di Mozart*, Torino 2000, 54.

«DON GIOVANNI:

Ho fermo il cuore in petto:
Non ho timor: verrò!

LA STATUA:

Dammi la mano in pegno!

DON GIOVANNI
porgendogli la mano:
Eccola! Ohimé!

LA STATUA:

Cos'hai?

DON GIOVANNI:

Che gelo è questo mai?

LA STATUA:

Pentiti, cangia vita
È l'ultimo momento!

DON GIOVANNI
vuol sciogliersi, ma invano:
No, no, ch'io non mi pento,
Vanne lontan da me!

LA STATUA:

Pentiti, scellerato!

DON GIOVANNI:

No, vecchio infatuato!

LA STATUA:

Pentiti!

DON GIOVANNI:

No!

LA STATUA:

Sì!

DON GIOVANNI:

No!

LA STATUA:

Ah! tempo più non v'è!

Fuoco da diverse parti, il Commendatore sparisce, e s'apre una voragine.

DON GIOVANNI:

Da qual tremore insolito
Sento assalir gli spiriti!
Dond'escono quei vortici
Di foco pien d'orror?

CORO di DIAVOLI
di sotterra, con voci cupe:
Tutto a tue colpe è poco!
Vieni, c'è un mal peggior!

DON GIOVANNI:

Chi l'anima mi lacera?
Chi m'agita le viscere?
Che strazio, ohimè, che smania!
Che inferno, che terror!

LEPORELLO:
(Che ceffo disperato!
Che gesti da dannato!
Che gridi, che lamenti!
Come mi fa terror!)

DON GIOVANNI:
Ah!

Cresce il fuoco, compariscono diverse furie, s'impossessano di Don Giovanni e seco lui sprofondano»[11].

Il solo testo del libretto, ancor prima del suo essere proposto in musica, certamente ci presenta un quadro molto drammatico, veramente terrificante. I pressanti inviti al pentimento, rivolti dalla statua al morente, fanno percepire tutta l'ansia per un'opportunità di salvezza ormai agli sgoccioli: la morte imminente, segnerà la fine di questa possibilità. Colpisce, proprio per la sua drammaticità, anche la totale chiusura del protagonista ad un possibile ravvedimento: l'unica condanna pronunciata sulla sua persona sarà la propria, un'autocondanna, un'autoesclusione dalla salvezza sentenziata dall'indurimento del proprio cuore incapace di cambiar vita, di chiedere perdono. L'istante della morte, dilatato dagli artifizi melodrammatici, ci permette di gettare uno

[11] L. DA PONTE, *Il Don Giovanni*, Torino 1995, 115-118.

sguardo sullo "sprofondare negli inferi", sull'andare alla dannazione eterna. L'utilizzo della figura retorica dell'allitterazione (tremor, orror, terrore, strazio...) trasmette al lettore un senso di profonda spossatezza, di grande agitazione. Il terrore si impadronisce del protagonista che vive un'indicibile sofferenza espressa con grande effetto dal campo semantico dei verbi d'azione (lacerare l'anima, agitare le viscere, straziare...). Il riferimento al vortice di fuoco, all'inferno e al coro di demoni, infine, è l'elemento principale che inquadra esplicitamente questo stato di dolore come quello delle pene infernali riservate ai peccatori non pentiti.

Passando all'analisi del campo musicale, ci rendiamo conto di quanto questo contribuisca ad amplificare la drammaticità del quadro appena descritto. La scena della morte è preceduta dall'ingresso della statua accompagnato da una marcia in controtempo[12] di "andante" che pare scandire un inno funebre sul cui dispiegarsi la voce del basso, che interpreta il personaggio del Commendatore, lancia delle invocazioni dall'incipit sincopato[13] che si concludono con salti d'ottava: lo spettatore viene subito proiettato in un contesto grave e terribile che lascia presagire un

---

[12] Cf. Appendice I, Figura 1.

[13] Per un approfondimento della terminologia musicale cf. S. CARELLA, *Elementi di teoria musicale*, Salerno 1988.

epilogo di morte. Gli inviti al pentimento sono scanditi dal punto di valore e dai salti discendenti di ottava che conferiscono al canto un carattere incisivo, perentorio, mentre il susseguirsi di minime a distanza di semitono[14] nel canto dei monosillabi “si” e “no” conferiscono al duello verbale circa il pentimento un crescendo di intensità che culmina nell’acuto del Don Giovanni che ribadisce il suo ultimo “no” al ravvedimento mentre il Commendatore canta, nel registro grave che trasmette oscurità alle note, la fine del tempo delle scelte.

Con l’“Allegro” si apre il racconto della morte dannata, caratterizzato da un ritmo vorticoso ed incessante e da una figurazione ricca di semicrome in progressioni discendenti, eseguite dagli archi, che trasmettono la terribile concitazione dell’evento[15]. Tale movimento irrequieto poggia, però, su un pedale dalla figurazione larga e regolare rappresentato dalla voce corale dei demoni che giunge dagli inferi, rinforzata dal raddoppio impetuoso degli ottoni, espressione di una perfidia beffarda e vittoriosa che inghiotte gli accenti ritmati del protagonista[16]. Al termine

---

[14] Cf. Appendice I, Figura 2.

[15] Cf. *Ivi* Figura 3.

[16] Cf. *Ivi* Figura 4, rigo del cano corale.

della scena, scale discendenti di semicrome[17], che impiegano l'estensione di due ottave, fanno da sottofondo all'urlo straziante del morente che sprofonda negli inferi: il simbolo musicale rende, con questo costrutto ritmico e melodico, la sensazione della caduta nel baratro dell'inferno.

L'apparato scenico dell'opera esaminata[18] contribuisce ad amplificare la drammaticità del momento. Già le indicazioni rubricali del libretto, seguite dal regista, illustrano un contesto di fiamme, di furie ed indicano l'apertura di una voragine. Gli spasmi recitativi del protagonista[19], che strepita e si dibatte strappandosi gli abiti, trasmettono una sofferenza indicibile, una pena senza paragoni. I personaggi infernali[20] che appaiono sulla scena buia e fumosa sono degni di una rappresentazione dantesca: certamente, il conclusivo precipitare del protagonista nella voragine aperta sugli inferi, sottolineato dall'urlo straziante, lascia nello spettatore un senso di profonda angoscia.

Concludendo questa prima analisi, possiamo certamente affermare che la comunicazione simbolica della scena, nel suo tri-

---

[17] Cf. *Ivi* Figura 4, rigo strumentale.

[18] Per l'analisi scenica ci riferiamo alla recita del Don Giovanni del 1987 tenuta al Teatro alla Scala di Milano: baritono Samuel Ramey, direzione di Riccardo Muti e regia di Giorgio Strehler.

[19] Cf Appendice II, Figura I

[20] Cf. *Ivi* Figura 2.

plice livello espressivo, si ricollega saldamente al concetto cristiano di discesa negli inferi, luogo di “fuoco eterno”, di pena. Ciò che però manca alla narrazione melodrammatica è il diretto riferimento a Dio, al rapporto personale con lui spezzato dal peccato. L’inferno del Don Giovanni è un luogo di pene puramente materiali e non l’esilio escatologico in cui primariamente si soffre per l’eterna autoesclusione dalla comunione con Dio. Inoltre, nel contesto generale dell’opera, la caduta negli inferi del perfido protagonista è vissuta, dagli altri personaggi, quasi come una vendetta personale consumatasi per l’intervento divino: nel gioioso coro finale che chiude il melodramma mozartiano, tutti, dame tradite e fidanzati offesi, in coro esprimono la loro profonda felicità per l’accaduto e ringraziano il cielo di averli vendicati. Certamente questi sono limiti contenutistici del discorso simbolico dell’opera che la discostano dall’ortodossa visione cristiana.

4. La morte di Suor Angelica e la "Teoria della decisione finale"

Nel paragrafo precedente, esaminando la morte dell'immorale Don Giovanni, abbiamo sottolineato come, nella visione della fede della Chiesa, questa sia il limite invalicabile oltre il quale l'anima non può più decidersi per o contro Dio.

A partire dal XVI secolo, una particolare posizione teologica, che prende il nome di "Teoria della decisione finale"[21], concentra la sua attenzione proprio sull'ultimo punto della vita, sul momento della separazione dell'anima dal corpo, un momento collocato né prima né dopo la morte, affermando che, nell'istante in cui sopravviene la morte, ogni uomo avrebbe l'occasione di una piena decisione circa il suo destino eterno.

I teologi che nel corso dei secoli hanno sostenuto questa teoria hanno basato le loro considerazione sulla particolare visione dell'istante della morte quale orizzonte in cui si toccano e si sovrappongono due linee diverse che sono l'ultimo momento della vita terrena ed il primo momento di quella nuova esistenza ultraterrena nel quale l'anima può decidere in modo angelico. Questa particolare sovrapposizione permetterebbe all'anima del morente

---

[21] Cf. POZO, *Teologia dell'aldilà*, 450-458.

di poter ancora decidere di amare o rinnegare Dio, ma anche di poterlo fare, come già affermato, in modo angelico, cioè con una decisione che avrebbe tutta l'immobilità delle decisioni angeliche.

Questa teoria è stata molto dibattuta e più volte riformulata, nel corso dei secoli, secondo diverse argomentazioni teologiche. La riflessione contemporanea continua ad interrogarsi sulla questione[22] non essendovi ancora stati interventi magisteriali in merito. Certamente, per la fede cristiana resta una verità fondamentale la conversione del peccatore, in qualunque punto della sua esistenza, perché possa godere dell'eternità beata[23]. Morire invocando il perdono e la misericordia di Dio è morire aprendosi alla grazia che salva: anche senza lo specifico contributo della teoria sopra esposta, l'ultimo istante della vita resta un istante propizio per aprirsi alla salvezza.

L'opera *Suor Angelica*, tratta dal celebre *Trittico* di Giacomo Puccini su libretto di Giovacchino Forzano e rappresentata per la prima volta al teatro Metropolitan di New York il 14 dicembre 1918, ci offre l'occasione di analizzare come un melodramma

---

[22] Cf. L. BOROS, *Mysterium mortis. L'uomo nella decisione ultima*, Brescia 1979.

[23] Cf. C. RUINI, *Immortalità e risurrezione nel magistero e nella teologia oggi*, in *Rassegna di Teologia* 21 (1980) 194-206.

riesca a mostrarci la dinamica della conversione in punto di morte: è proprio la morte della protagonista a presentarci, nel consueto linguaggio simbolico pluridimensionale, questo commovente avvenimento.

Il melodramma pucciniano narra la storia di Suor Angelica, una giovane donna, di origine nobile, che vive da sette anni in clausura senza avere notizie della famiglia che l'ha rinchiusa in convento per punizione: la protagonista, infatti, aveva dato alla luce un figlio al di fuori del matrimonio, gettando un grande disonore su tutta la casata.

La quiete del monastero viene bruscamente interrotta dall'arrivo della zia principessa, venuta in visita alla nipote per farle firmare un atto di divisione dei beni di famiglia in vista del matrimonio imminente della sorella di Angelica. Nonostante il palese disprezzo della zia, la protagonista prende a supplicarla di parlarle di quel figlio che le è stato strappato. Con grande freddezza, la zia le rivela che il bimbo è morto di un male incurabile: per Suor Angelica il dolore è troppo grande e, dopo aver pianto di dolore, decide di togliersi la vita[24].

Seguiamo dal libretto del Forzano il finale dell'opera:

---

[24] Cf. M. GRILLI, *Suor Angelica*, in *Dizionario dell'opera*, 510-515.

«Esaltata, abbraccia la croce, la bacia si curva rapidamente, prende la ciotola, si volge verso la chiesa e guardando al cielo beve il veleno. Quindi si appoggia ad un cipresso e comprimendosi il petto con la sinistra e abbandonando lentamente il braccio destro lascia cadere la ciotola a terra.
L'atto del suicidio ormai compiuto sembra la tolga dalla esaltazione a cui era in preda e la riconduca alla verità. Un rapido silenzio. Il suo volto prima sereno e sorridente si atteggia in una espressione angosciosa come se una rivelazione improvvisa e tremenda le fosse apparsa.
Le nubi coprono adesso la luna e le stelle; la scena è oscura.
Si leva un grido disperato.

IL MIRACOLO

Ah! Son dannata!
Mi son data la morte!
Io muoio in peccato mortale!

Si getta disperatamente in ginocchio.

O Madonna, Madonna,
per amor di mio figlio
smarrita ho la ragione!
non mi fare morire
in dannazione!
Dammi un segno di grazia!
Dammi un segno di grazia!
O Madonna, salvami!
Una madre ti prega,
una madre t'implora...
O Madonna salvami!

Suor Angelica vede il miracolo compiersi: la chiesetta sfolgora di mistica luce, la porta si apre. Apparisce la Regina del conforto, solenne, dolcissima e, avanti a Lei, un bimbo biondo tutto bianco...
Già le sembra di udire le voci degli angeli imploranti per lei la Madre delle Madri

GLI ANGELI
O gloriosa virginum,
Sublimis inter sidera,
Qui te creavit, parvulum
Lactente nutris ubere.

Quod Heva tristis abstulit,
Tu reddis almo germine:
Intrent ut astra flebiles,
Cæli recludis cardines.

Gloriosa Virginum! Salve, Maria!
Regina virginum! Salve, Maria!
Turris davidica! Salve, Maria!
Virgo fidelis! Salve, Maria!

SUOR ANGELICA
Ah!

(La Vergine sospinge con dolce gesto, il bimbo verso la moribonda...)

SUOR ANGELICA
Ah!...

Muore»[25]-

---

[25] E. RESCIGNO (cur.), *Il Trittico*, Milano 1997, 89-93.

Non è certo questa la sede per approfondire la questione dello stato psicologico della protagonista in riferimento alla possibile depenalizzazione dell'atto morale compiuto. Della scena, noi vogliamo cogliere la dimensione del pentimento e della conversione, in punto di morte, come apertura al perdono salvifico di Dio.

Il testo del libretto ci presenta, innanzitutto, la presa di coscienza del proprio stato di dannazione in riferimento alla scelta di darsi la morte: le parole della protagonista descrivono, in modo chiaro, la prospettiva dell'inferno come autocondanna, in quanto la dannazione eterna è vista come una dimensione propria dell'essersi data la morte, del morire in peccato mortale, dell'aver chiuso il proprio cuore all'amore consolante di Dio.

Dalla constatazione del proprio stato di grave mancanza, Suor Angelica passa alla preghiera, sincera ed insistente, alla Vergine, perché questa interceda per la propria salvezza. Il testo, struggente ed intenso, ci presenta la supplica di intercessione rivolta da una madre alla Madre di Dio perché, attraverso un segno, sia manifestato il perdono divino per il grave peccato commesso: in questo modo, il Forzano esprime con grande chiarezza l'incoraggiamento della Chiesa, verso i fedeli, perché chiedano alla Madonna di intercedere per la propria anima nell'ora della morte[26].

Il coro angelico, che fa da sottofondo alla morte ormai serena della donna perdonata, offre uno splendido esempio di liturgia "in scena": l'autore del libretto, infatti, attinge dai testi dell'Ufficio della Vergine Maria, e da quello delle Litanie lauretane, gli splendidi versi che incorniciano l'evento prodigioso dell'apparizione della Madonna, di colei che dischiude all'uomo le porte del regno dei cieli.

Il linguaggio musicale, che veicola il contenuto testuale, cerca di sottolineare la diversità dei diversi stati d'animo della protagonista attraverso una feconda ricerca di figurazioni ritmiche e sonore adeguate.

Un rapido arpeggio di scalette di semicrome su un pedale di archi in registro grave, nel costrutto di un'armonia dissonante[27], fa da preludio all'acuto e cromatico canto del soprano protagonista che prende coscienza della gravità del suo atto[28]. Il tempo di andante sostenuto, i suoni acuti, i ritmi irregolari delle terzine[29], la robusta timbrica orchestrale ottenuta mediante l'impiego di ot-

---

[26] Cf. *Catechismo della Chiesa Cattolica*, n. 1014.

[27] Cf. B. MAZZOTTA, *Appunti per le lezioni di armonia*, Napoli 1986, 23-34.

[28] Cf. Appendice I, Figura 5.

[29] Cf. *Ivi* Figura 6.

toni e percussioni, conferiscono, alle 32 battute che terminano con l'ultima invocazione di salvezza della protagonista, un carattere profondamente drammatico e angoscioso.

Con l'entrata del coro[30], il brano cambia completamente carattere espressivo. L'impianto melodico modula nella tranquilla tonalità di "fa maggiore", mentre l'accompagnamento orchestrale, scandito dalla dolce timbrica dell'arpa, passa, attraverso un diminuendo, al pianissimo: la musica, con grande efficacia, trasmette l'estatico sollievo della morente, ormai rassicurata dall'ottenuto perdono.

L'assetto scenico[31], infine, sintetizza i contenuti evidenziati con particolare gusto artistico. La scena, buia e scarna, sarà illuminata dal solo volto della protagonista, morta ormai in pace. La gestualità teatrale di Renata Scotto, poi, è di un realismo tanto drammatico quanto disperato. Al riconoscimento della propria colpa[32], l'artista prende a disperarsi gettandosi sul pavimento in segno di prostrazione per poi rivolgersi al cielo[33] con canto straziante. L'apparizione della Vergine col bambino, in questa rap-

---

[30] Cf. *Ivi* Figura 7.

[31] Per l'analisi scenica ci riferiamo alla recita di Suor Angelica del 1981 tenuta al teatro Metropolitan di New York: soprano Renata Scotto, direzione di James Levine e regia di Brian Large.

[32] Cf. Appendice II, Figura 3.

[33] Cf. *Ivi* Figura 4.

presentazione lasciata all'immaginazione e alla mimica della protagonista (che prima di morire prende a cullare quel bambino che solo lei può vedere), rasserena[34], con un sorriso, il volto di Suor Angelica. Il sipario si chiude su una scena illuminata da una luce candida che pare irradiarsi da quel volto trasfigurato dalla certezza dell'ottenuta salvezza[35].

La Suor Angelica di Puccini resta una pietra miliare della produzione della "Giovane scuola" italiana di cui abbiamo parlato nel capitolo precedente. Dal felice connubio tra Forzano e Puccini prende corpo un'opera musicale che, oltre ad essere caratterizzata da un eccezionale pregio artistico, riesce anche a veicolare, con coinvolgente simbolicità, la sublimità dell'affidarsi penitente alla misericordia di Dio al termine del pellegrinaggio terreno. Anche se le esigenze melodrammatiche amplificano l'istante della morte rendendolo un susseguirsi ampio di istanti musicali fatti di pause e di note, di silenzi e di suoni, il concetto della decisione finale per Dio risulta adeguatamente espresso e suscita, nello spettatore coinvolto, un sentimento di fiducioso abbandono alla misericordia del Padre accompagnati dallo sguardo materno di Maria.

---

[34] Cf. *Ivi* Figura 5.

[35] Cf. *Ivi* Figura 6.

5. Il paradiso nella visione del *Mefistofele* di Arrigo Boito

In quest'ultimo paragrafo esemplificativo, l'efficacia della dimensione dinamica ed affettiva del linguaggio simbolico analizzato risulterà particolarmente evidente: la scena paradisiaca dell'opera di Boito suscita, con particolare intensità, un movimento emotivo nello spettatore che viene rapito dall'incontenibile desiderio della "patria beata".

Il cielo, ovvero la vita escatologica di eterna comunione con Cristo, rappresenta, per il credente, la meta finale, «il fine ultimo dell'uomo e la realizzazione delle sue aspirazioni più profonde, lo stato di felicità suprema e definitiva»[36]. Ciò che comunemente chiamiamo paradiso è, dunque, lo stato di beatitudine celeste[37] in cui vivono coloro che, morti nella grazia e nell'amicizia di Dio, sono perfettamente purificati: in esso sono per sempre simili a Dio perché lo vedono «faccia a faccia» (*1Cor* 13,12), contemplandolo nella sua gloria celeste.

Proprio perché questo mistero di comunione beata con Dio e con tutti coloro che sono in Cristo supera ogni possibilità di

---

[36] *Catechismo della Chiesa Catolica*, n. 1024.

[37] Cf. GIOVANNI XXII, Bolla *Ne super his*, in DS 991.

comprensione e di descrizione, già la Scrittura e la Tradizione ce ne hanno parlato mediante immagini efficaci quali la luce, la pace, il banchetto di nozze[38]. Dunque, il linguaggio simbolico si configura come il mezzo più adeguato per esprimere una verità di fede non opportunamente esprimibile attraverso un linguaggio di matrice concettuale.

Il *Mefistofele* di Arrigo Boito (opera in prologo, quattro atti ed epilogo) andato in scena per la prima volta al Teatro alla Scala di Milano il 5 marzo 1868, ci offre, nel prologo, una mirabile scena paradisiaca che descrive la beatitudine di coloro che, ormai, vivono in Dio.

L'opera, musicata da Boito su un complesso libretto scritto di suo pugno ed ispirato alla trama del celebre *Faust* di Goethe, narra lo svilupparsi dell'intricato piano di Mefistofele ai danni del vecchio Faust, saggio scienziato, a cui il diavolo ridona la giovinezza e con cui suggella un diabolico patto: se Mefistofele sarà in grado di donare a Faust, su questa terra, un'ora di serenità e di riposo in cui l'anima s'acqueti e sperimenti la gioia suprema di un attimo fuggente, allora il vecchio scienziato sarà pronto a morire e ad essere inghiottito dall'inferno.

---

[38] Cf. POZO, *Teologia dell'aldilà*, 356-396.

Alla stipulazione di questo patto, segue una vicenda contrassegnata dal dominio del male: l'ingannevole seduzione, da parte del ringiovanito Faust, della bella Margherita e l'incarcerazione ed il suicidio della stessa, per l'avvelenamento della madre e lo strangolamento del figlio avuto con Faust, sono i nodi principali della trama incorniciata da due terribili balli satanici. Nel finale, però, viene narrato il trionfo del buon cuore di Faust che, tenendo stretto il vangelo e contemplando una visione di schiere angeliche, muore in grazia di Dio respingendo le lusinghe dello sconfitto Mefistofele.

Questo sguardo sintetico allo svolgimento del melodramma, ci permette di contestualizzare il prologo che andremo ad analizzare[39] e che anticipa la visione celeste impiegata dall'autore, nell'epilogo, come sfondo al ravvedimento del protagonista. In questa scena, il beffardo Mefistofele sale in cielo per sfidare il Creatore circa la riuscita del suo diabolico piano ai danni di Faust. Il suo recitativo viene interrotto dal coro degli spiriti celesti che così si esprime:

[39] Per uno studio più ampio dell'opera cf. C. OTTORINO, *Mefistofele*, in *Dizionario dell'opera*, 390-398.

«CHERUBINI

dietro la nebulosa

Siam nimbi volanti dai limbi,
Nei santi splendori vaganti,
Siam cori di bimbi, d'amori.
Siam nimbi volanti dai limbi.

MEFISTOFELE

È lo sciame legger
Degli angioletti;
Come dell'api n'ho ribrezzo e noia.

Scompare

CHERUBINI

Fratelli, teniamoci per mano,
Fin l'ultimo cielo lontano
Noi sempre dobbiamo danzar;
Fratelli, le morbide penne
Non cessino il volo perenne
Che intorno al Santissimo Altar.
Fratelli, teniamoci per mano
La danza in angelica spira
Si gira, si gira, si gira.
Siam nimbi volanti dai limbi,
Nei santi splendori vaganti,
Siam cori di bimbi, d'amori,
Siam nimbi volanti dai limbi.

Ricircolando e perdendosi

LE PENITENTI

dalla terra

Salve Regina!
S'innalzi un eco
Dal mondo cieco

Alla divina reggia del ciel.
Col nostro canto
Col nostro pianto,
Domiam l'intenso
Foco del senso,
Col nostro canto mite e fedel.

CHERUBINI
Sugli astri, sui venti, sui mondi,
Sui limpidi azzurri profondi,
Sui raggi del sol,
La danza in angelica spira
Si gira, si gira, si gira.
Ave Maria, gratia plena.

LE PENITENTI
Odi la pia,
La pia prece serena.
Ave Maria, gratia plena,
Odi la pia prece serena.
Ave Maria, gratia plena.

FALANGI CELESTI
Oriam, oriam.
Oriam per quei morienti,
Per quei morienti oriam.
Ave Maria, gratia plena.

LE PENITENTI
Il pentimento lagrime spande.
Di queste blande
Turbe il lamento
Accolga il ciel.

FALANGI CELESTI
Oriam per quelle
Di morienti ignave
Anime schiave,
Sì per quell'anime
Schiave preghiam.

CHERUBINI
Siam nimbi volanti dai limbi,
Nei santi splendori vaganti,
Siam cori di bimbi, d'amori
Siam nimbi, volanti dai limbi.

LE PENITENTI, CHERUBINI, FALANGI CELESTI
Odi la pia,
La pia prece serena.
Ave, ave, ave, ave, ave!
Ah! ah! ah! ah!

Ave Signor,
Signor degli angeli e dei santi
E delle sfere erranti,
E dei volanti cherubini d'or.

LE PENITENTI, FALANGI CELESTI
Dall'eterna armonia dell'Universo
Nel glauco spazio immerso
Emana un verso di supremo amor.

CHERUBINI
Ave, ave,
Signor degli angeli e dei santi,
Ave Signor.

LE PENITENTI, CHERUBINI, FALANGI CELESTI
E s'erge a Te
Per l'aure azzurre e cave
In suon soave.
Ave, ave!»[40].

Ad aprire i cori celesti sono i cherubini che aleggiano mettendo in scena una briosa danza. Il termine "limbi", utilizzato nei versi del loro canto, va inteso nel senso letterale di "confini", in riferimento ai confini del cielo, dell'universo, e non nel senso, sviluppato dalla tradizione cristiana, di luogo a cui sono destinati i bambini morti senza battesimo[41]: subito dopo, infatti, Mefistofele, nell'esprimere il fastidio procuratogli dal soprannaturale canto, sottolinea l'angelica forma dei cantori.

Il riferimento alla *statio* estatica intorno all'altare riprende, in modo aderente, la visione della fede cristiana che, nella Sacra Eucaristia, vede la partecipazione congiunta della chiesa itinerante e della chiesa celeste che uniscono i loro canti di lode.

Molto opportunamente, il prologo del Mefistofele può essere definito come una grande liturgia di lode e di supplica in cui si fondono gli accenti dei penitenti e delle schiere angeliche. Il te-

---

[40] A. BOITO, *Mefistofele*, Milano 1984, 7.

[41] Per uno studio completo della questione cf. COMMISSIONE TEOLOGICA INTERNAZIONALE, *La speranza della salvezza per i bambini che muoiono senza battesimo*, Città del Vaticano 2007.

sto del prologo in esame, infatti, si sviluppa articolatamente dando vita al sapiente intreccio tra le voci fiduciose di coloro che, ancora sulla terra, rivolgono la loro supplica alla Vergine e quelle delle falangi celesti che lodano Dio e intercedono per coloro che ancora vivono il pellegrinaggio terreno. All'apice del climax, infine, il canto diviene unitario e, con i versi di chiusura rivolti al Signore dell'universo, le voci della terra e del cielo si uniscono in una mirabile lode di rara bellezza.

Il linguaggio musicale[42] utilizzato nella scena, essendo stato concepito dalla mente del medesimo autore dei versi, si fonde saldamente a quello letterario. Sono molti gli incisi in cui le note, rispecchiando la durata delle sillabe ed il ritmo degli accenti dei termini, esprimono un linguaggio quasi verbale[43]. Anche la strumentazione è saldamente aderente al testo: l'ingresso di timpani e trombe riproduce il dolore dei morenti mentre archi e fiati esprimono la dolcezza di ogni "ave".

L'intreccio verbale dei gruppi oranti, già analizzato nel testo letterario, è ottenuto mediante un elegante gioco di sovrapposi-

---

[42] Per questioni di regolamento non è stato possibile fotocopiare e riportare in appendice la partitura esaminata presso la biblioteca del conservatorio di musica "S. Cecilia" di Roma.

[43] Cf. G. SCARSI, *Rapporto tra poesia e musica in Arrigo Boito*, Roma 1972, 78-92.

zione di ritmi diversi mentre il volo dei cherubini è riprodotto dai "crescendo" e dai "diminuendo" che esprimono l'allontanarsi ed il riavvicinarsi degli angeli in volo.

La conclusione del prologo è caratterizzato da un'intensità emotiva che rapisce il cuore. Il registro vocale e quello strumentale si fanno acuti, i valori delle note del canto si fanno larghi, quasi a togliere il fiato, lo strumentale diventa sempre più pieno, in crescendo, fino alla conclusiva esplosione sul rimbombo degli ottoni e delle percussioni ed al ritorno, poderoso, degli squilli delle sette trombe di ispirazione apocalittica: la musica è una grandiosa pittura da cui il pubblico viene conquistato.

L'impianto scenico è all'altezza della dimensione musico-letteraria[44]. La scena è inizialmente dominata da nubi proiettate su di un telo dietro il quale, durante il canto delle penitenti che giunge dalla terra, appaiono, una dopo l'altra, le fiaccole delle falangi celesti. Quando gli spiriti celesti si uniscono al canto il telo viene innalzato ed ecco apparire una vera e propria gloria paradisiaca sfolgorante di luce: la scena, semicircolare, appare come un piccolo teatro ultraterreno nelle cui logge prendono po-

---

[44] Per l'analisi scenica ci riferiamo alla recita del Mefistofele del 1989 tenuta al Teatro dell'Opera di San Francisco: baritono Samuel Ramey, direzione di Maurizio Arena e regia di Fabrizio Melano.

sto le schiere celesti. I costumi, tutti uguali, riproducono una dimensione spirituale trasfigurata, mentre le corone, poste sul capo di ciascuno, indicano lo stato del regnare con Cristo nei secoli dei secoli[45] (cf. *Ap* 22,5). Il movimento armonico del coro sulla scena pare riprodurre l'eterna armonia di cui si canta. Mediante la coreografica apertura finale delle braccia verso la luce che si irradia dal soffitto della scena, si ottiene il disegno di un fiore che sboccia[46]: è la rosa dei beati che si spalanca alla gloria del suo Signore.

Quest'ultima analisi proposta riesce, meglio delle altre, a far comprendere con quanta efficacia la comunicazione melodrammatica esprima le verità della fede cristiana circa "le cose ultime". La fede creduta e professata dalla Chiesa, qui fedelmente interpretata, viene comunicata attraverso una simbolicità accattivante e dialogica che insieme informa e coinvolge, accendendo, nel cuore di chi ascolta ed osserva, un'emozionalità dinamica che sospinge al desiderio attivo tendente all'impegno concreto.

---

[45] Cf. Appendice II, Figura 7.

[46] Cf. *Ivi* Figura 8.

CONCLUSIONI

Il percorso compiuto ci ha portati a riconoscere, nell'opera lirica, un valido mezzo espressivo al servizio della fede cristiana, in particolar modo, della fede escatologica della Chiesa. Il discorso teologico di matrice simbolica si trova a suo agio nell'alveo inciso dal fiume dirompente dell'arte melodrammatica ed attinge, da questa forma artistica, una dinamicità ed un'efficacia di coinvolgimento esistenziale innegabili.

Il nostro cammino di rilettura, però, ci proietta verso una nuova prospettiva che corre in direzione inversa. La riconosciuta rilevanza teologica di quest'espressione artistica ci indica un cammino attivo e propositivo atto ad una produzione operistica cristianamente orientata. Non più, dunque, dalla scena alla fede nel tentativo di valutare l'ortodossia della proposta artistica, bensì dalla fede all'arte o, per meglio dire, dalla fede al cuore dell'uomo attraverso l'arte, perché essa possa divenire, sempre più, un autentico canale di grazia e perché essa sia in pienezza quel discorso di Dio e su Dio, animato dallo Spirito, che apre l'uomo alla salvezza. Una prospettiva, questa, ambiziosa e felice che si colloca nell'ambito della proposta conciliare di trovare modi costantemente nuovi ed attuali per trasmettere il patrimonio sempre vivo della fede della Chiesa, perché esso continui a raggiungere ogni uomo nella propria concretezza storica.

Appare fondamentale, a tal fine, la promozione di autentiche scuole di formazione che siano in grado di "plasmare" i nuovi artisti-teologi. All'approfondimento teologico occorrerà affiancare una qualificata formazione tecnica che fornisca le competenze necessarie a strutturare, con proprietà ed efficacia, un discorso artistico che parli di Dio con verità ed attualità. Si tratterà di "generare" teologi letterati, musicisti, scenografi, registi, che sappiano rendere teologici ciascuno dei livelli semantici del poliedrico dire melodrammatico, contribuendo a creare lemmi simbolici costantemente vicini alla sensibilità dell'uomo contemporaneo. Occorrerà, dunque, rivolgere un'attenzione fondamentale alla cultura di ciascun popolo ed al suo costante processo evolutivo, perché ciascun simbolo, anche il più semplice inciso musicale, non risulti lontano dal gusto estetico del referente e, per questo motivo, incapace di mediare la Parola di salvezza[1].

Agli albori del terzo millennio, mentre l'uomo con sempre crescente ostinazione continua a ricercare se stesso lontano dal Creatore, la via della bellezza si offre come il possibile luogo dell'incontro con Dio, l'unico capace di mostrare all'uomo la sua vera e divinizzata identità. «La bellezza salverà il mondo»[2], perché è cifra del mistero e richiamo al trascendente, invito a gustare la vita ed a sognare il futuro: dallo stupore che essa ridesta prende corpo l'entusiasmo di cui ha bisogno ogni uomo per vivere l'oggi della vita che sa della nostalgia della Bellezza eterna[3].

La Parola eterna del Padre, che ha incontrato l'uomo nel mistero dell'incarnazione di Cristo, può oggi servirsi anche della scena di un teatro per continuare a risuonare nei cuori assetati di verità, trasferendo in formule significative ciò che è in se stesso ineffabile.

Attraverso l'opera "ministeriale" di validi artisti, liberi dal dominio dalla ricerca di gloria fatua, dalla smania di una facile popolarità e dal calcolo di un possibile profitto personale, la Ve-

---

[1] Cf. BERNARD, *Teologia simbolica*, 69-71.

[2] F. DOSTOEVSKIJ, *L'Idiota*, Milano 1998, 645.

[3] Cf. GIOVANNI PAOLO II, *Lettera agli artisti*: EV 18, 447.

rità può farsi non solo parola ma anche suono, canto, danza, immagine: l'opera lirica contribuisca all'affermarsi di una bellezza autentica che, quasi riverbero dello Spirito di Dio, trasfiguri la materia, aprendo gli animi al senso dell'eterno.

Omnia ad maiorem Dei gloriam!

Appendice I

APPARATO MUSICALE

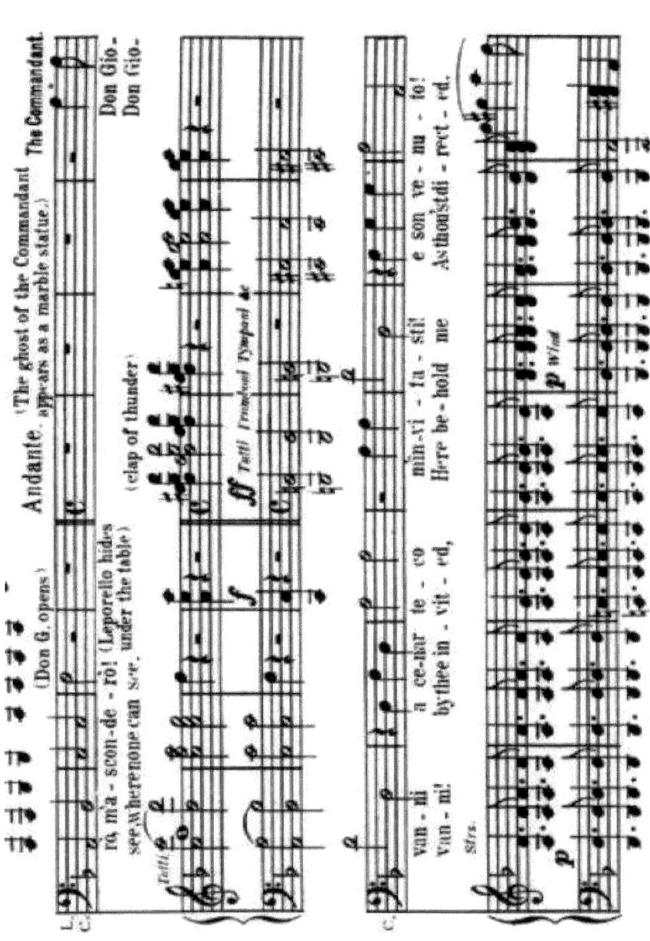

Figura 1

G.
C.
No! No!
Sì! Yes!
Sì! Yes!
no! no!
sì! yes!
(wresting his hand away, with a terrible cry.)
No! No!
Sì! Yes!
sì! yes!
no! no!
no! no!
Ah! Now
tem - must

Figura 2

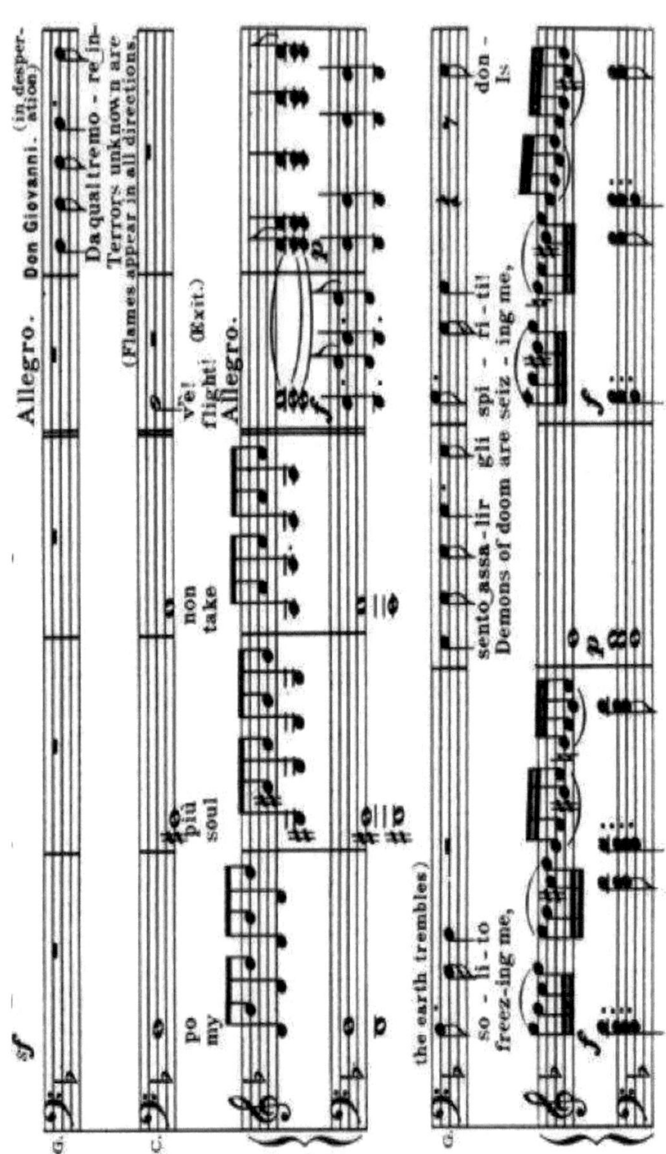
Allegro.
Don Giovanni. (in desperation)
G.
C.
po più non ve!
my soul take flight!
(Exit.)
Da qual tremo - re in-
Terrors unknown are
(Flames appear in all directions, the earth trembles)
Allegro.
so - li - to sento assa - lir gli spi - ri - ti! don -
freez-ing me, Demons of doom are seiz - ing me, Is

Figura 3

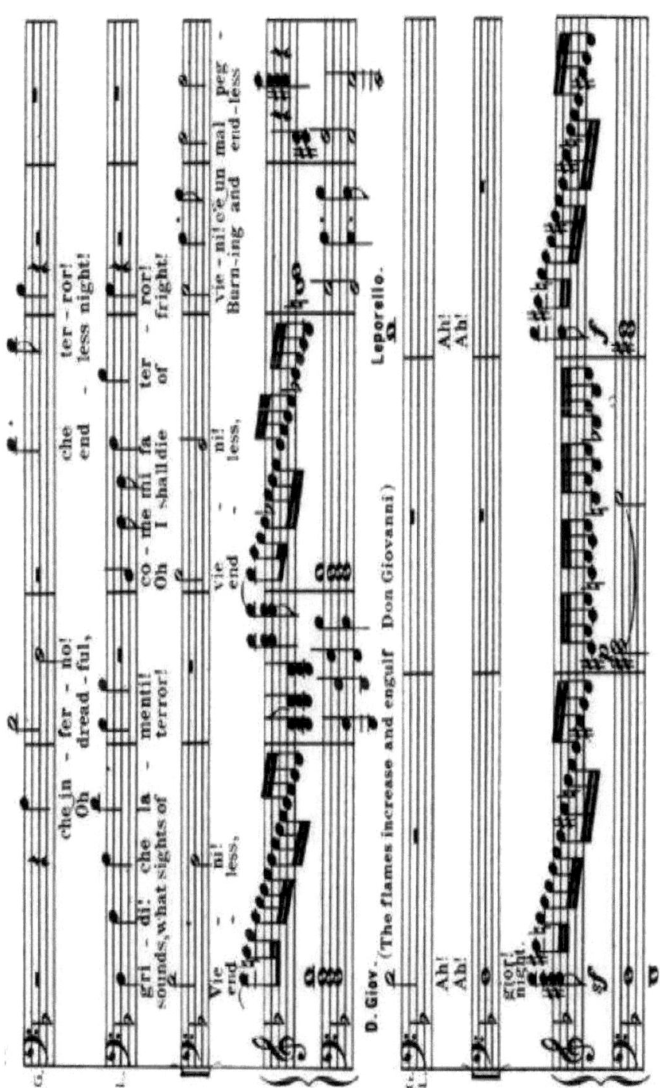
che in - fer - no! che ter - ror!
Oh dread - ful, end - less night!
gri - di! che la - menti! co - me mi fa ter - ror!
sounds, what sights of terror! Oh I shall die of fright!
Vie - ni! vie - ni! vie - ni! c'è un mal peg -
end - less, end - less, Burn-ing and end-less
D. Giov.
(The flames increase and engulf Don Giovanni)
Leporello.
Ah! Ah!
gior!
night.

Figura 4

Figura 5

SUOR ANGELICA
Io muo - io, muo_io in pec_ca_to mor_ta - le!
(si getta disperatamente in ginocchio)
Sostenendo
ff
SUOR ANGELICA
O Ma_don - na, Ma_don - na, sal - va - mi! sal - va_mi! Per a -

Figura 6

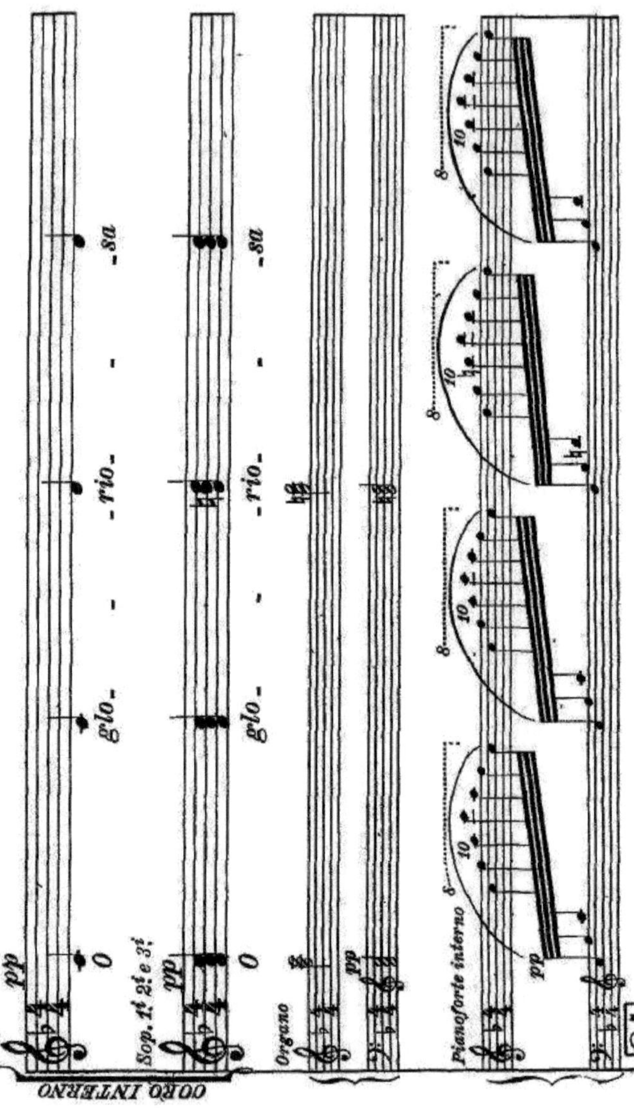

Figura 7

Appendice II

APPARATO FOTOGRAFICO

Figura 1

Figura 2

Figura 3

Figura 4

Figura 5

Figura 6

Figura 7

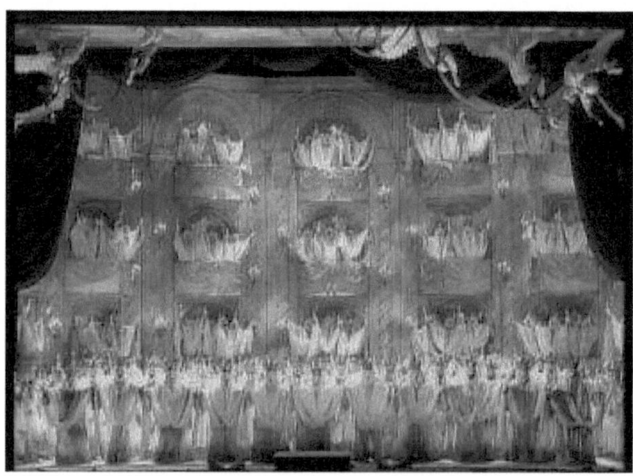

Figura 8

BIBLIOGRAFIA

1. Documenti del magistero

CONCILIO ECUMENICO VATICANO II, Discorso di apertura *Gaudet Mater Ecclesia* di S.S. Giovanni XXIII: EV 1, 42-61.

– Costituzione pastorale *Gaudium et spes* sulla Chiesa nel mondo contemporaneo: EV 1, 1319-1644.

– *Messaggio agli artisti*: EV 1, 494-499.

GIOVANNI XXII, Bolla *Ne super his*: DS 990-999.

BENEDETTO XII, Costituzione *Benedictus Deus*: DS 1000-1005.

GIOVANNI PAOLO II, *Lettera agli artisti*: EV 18, 410-448.

PONTIFICIO CONSIGLIO DELLA CULTURA, *La Via pulchritudinis, cammino privilegiato di evangelizzazione e di dialogo. Documento finale dell'Assemblea Plenaria 2006*: EV 23, 1890-1987.

2. Studi

ABEL L., *Metateatro: una nuova interpretazione dell'arte drammatica*, Rizzoli, Milano 1965.

ALLORTO R., *Nuova storia della musica*, Ricordi, Milano 1989.

ANCONA G., *Escatologia cristiana*, Queriniana, Brescia 2003.

ASTI F., *Dalla spiritualità alla mistica. Percorsi storici e nessi interdisciplinari*, Libreria Editrice Vaticana, Città del Vaticano 2005.

BASSO A., *Musica in scena. Storia dello spettacolo musicale*, UTET, Torino 1996

BERNARD CH. A., *Teologia simbolica*, San Polo, Roma 1984.

BIANCONI L., *Il teatro d'opera in Italia*, Il Mulino, Bologna 1993.

BOITO A, *Mefistofele, opera in un prologo, quattro atti e un epilogo*, Ricordi, Milano 1984.

BOROS L., *Mysterium mortis. L'uomo nella decisione ultima*, Queriniana, Brescia 1979.

BRUNELLI B. (cur.), *Tutte le opere di Pietro Metastasio*, Mondadori, Milano 1951.

CANO C., *Simboli sonori. Fondamenti antropologici per una didattica dell'approccio semantico al linguaggio musicale*, Franco Angeli, Milano 1985.

CARELLA S., *Elementi di teoria musicale*, Salerno 1988.

CIAGLIA L., *Appunti di armonia e analisi musicale*, Valesele Tipografica, Napoli 1986.

CIAVOLINO N., *Catechesi e linguaggio dei simboli*, a cura di G. Falanga, Centro Studi Beato Vincenzo Romano, Torre del Greco (Na) 1998.

COLETTI V., *Da Monteverdi a Puccini. Introduzione all'opera Italiana*, Einaudi, Torino 2003.

COLOMBO F., *Recitar cantando*, Erga, Genova 2006.

COLOMBO G., *Professione "Teologo"*, Glossa, Milano 1996.

DA PONTE L., *Il Don Giovanni,* Einaudi, Torino 1995.

DE NATALE M., *Strutture e forme della musica come processi simbolici. Lineamenti di una teoria analitica*, Morano, Napoli 1985.

DIONISI R., *Appunti di analisi delle forme musicali*, Edizioni Curci, Milano ^{18}2007.

DOTTORI R., *L'attualità del bello. Studi di estetica ermeneutica*, Marietti, Genova [3]1986.

FABBRI P., *Origini del melodramma*, Einaudi, Torino 1996.

FORTE B., *La Parola della fede. Introduzione alla Simbolica ecclesiale*, San Paolo, Cinisello Balsamo (Mi) 1996.

– *La porta della Bellezza. Per un'estetica teologica*, Morcelliana, Brescia [3]2000.

FUBINI E., *Musica e linguaggio nell'estetica contemporanea*, Einaudi, Torino 1973.

GELLI. P. (cur.), *Dizionario dell'opera*, Baldini Castoldi Dalai, Milano 2006.

IMBERTY M., *Le scritture del tempo: semantica psicologica della musica*, Ricordi, Milano 1990.

MAZZOTTA B., *Appunti per le lezioni di armonia*, Edizioni Simeoli, Napoli 1986.

MELCHIORRE M. (cur.), *Simbolo e conoscenza*, Vita e pensiero, Milano 1989.

MICCOLI P., *Gadamer e l'ermeneutica dell'immagine*, in *Idee* 17 (1991) 51-64.

MILA M., *Breve storia della musica*, Einaudi, Torino 1993.

– *Lettura del Don Giovanni di Mozart*, Einaudi, Torino 2000.

MIOLI P., *Invito all'ascolto di Gluck*, Mursia, Milano 1987.

MÖHLER A. J., *Simbolica o esposizione delle antitesi dogmatiche tra cattolici e protestanti secondo i loro scritti confessionali pubblici*, Jaka Book, Milano 1984.

NITROSA. N., *Escatologia*, Piemme, Casale Monferrato 1991.

PAGANNONE G., *Per una didattica del melodramma. Idee e percorsi*, Erga, Genova 2008.

PARENTE A., *Musica e opera lirica. Saggio di estetica*, Gaspare Casella Editore, Napoli 1929.

PIERRE M., *Breve trattato di teologia simbolica*, Queriniana, Brescia 1989.

PIRROTTA N., *Inizio dell'opera e aria*, Einaudi, Torino 1969.

POZO C., *Teologia dell'aldilà*, San Paolo, Cinisello Balsamo (Mi) 1986.

POZZI R. (cur.), *La musica come linguaggio universale*, Olschki, Firenze 1990.

RATZINGER J., *Introduzione allo spirito della liturgia*, San Paolo, Cinisello Balsamo (Mi) 2001.

RATZINGER J., *La festa della fede. Saggi di escatologia liturgica*, Jaca Book, Milano 1990.

RAVASI G. - TUROLDO D. M., *Il canto della Rana. Musica e teologia nella Bibbia*, Piemme, Casale Monferrato (Al) 2003.

RESCIGNO E. (cur.), *Il Trittico*, Ricordi, Milano 1997.

RUDONI A., *Escatologia*, Marietti, Torino 1972.

RUINI C., *Immortalità e risurrezione nel magistero e nella teologia oggi*, in *Rassegna di Teologia* 21 (1980) 102-206.

RUWET M., *Linguaggio, musica e poesia*, Piccola Biblioteca Einaudi, Torino 1981.

SCARSI G., *Rapporto tra poesia e musica in Arrigo Boito*, Delia, Roma 1972.

SCHNEIDER M., *Il significato della musica*, Rusconi, Milano ^{2}1981.

SCOGNAMIGLIO E., *Ecco, io faccio nuove tutte le cose. Avvento di Dio, futuro dell'uomo e destino del mondo*, Messaggero, Padova 2002.

SEQUERI P., *Eccetto Mozart. Una passione teologica*, Glossa, Milano 2006.

– *L'estetico per il sacro. Affectus fidei e ars musica: la questione teologica,* in *La Scuola Cattolica* 123 (1995) 621-663.

– *L'estro di Dio. Saggi di estetica*, Glossa, Milano 2000.

– *Il Teologico e il musicale,* in *Teologia* 10 (1985) 307-338.

– *Escatologia e Teologia. Infrastruttura concettuale del discorso su "Dio" come "futuro",* La Scuola Cattolica, Vengono Inferiore (Va) 1975.

SCHUTZ A., *Frammenti di fenomenologia della musica*, Guerini, Milano 1996.

STEFANI G., *Introduzione alla semiotica della musica*, Palermo 1976.

SURIAN E., *Storia della musica*, Rugginenti, Milano ^{2}1998.

TREVI M., *Metafore del simbolo*, Raffaello Cortina Editore, Milano 1986.

INDICE

Printed by Books on Demand GmbH, Norderstedt / Germany